JUDITH KOELEMEIJER

Anna Boom

Uitgeverij Atlas
Amsterdam/Antwerpen

Dit boek kwam tot stand met steun van het
Fonds Bijzondere Journalistieke Projecten en
een reisbeurs van Stichting Fonds voor de
Letteren.

Een deel van de opbrengst van het boek zal ten
goede komen aan de stichting Jan KLM, die
projecten ondersteunt in de Derde Wereld.

Eerste druk (gebonden), februari 2008
Tweede druk (paperback), februari 2008
Derde druk, februari 2008
Vierde druk, maart 2008
Vijfde druk, maart 2008

Omslagontwerp en typografie
Piet Gerards Ontwerpers
Opmaak
Janneke Vlaming grafische vormgeving
Foto auteur
Bob Bronshoff
Foto omslag en binnenwerk
Anna Boom, 1947, privécollectie Anna Boom

ISBN 978 90 5807 321 1
D/2008/0108/513
NUR 320

www.judithkoelemeijer.nl
www.uitgeverijatlas.nl

Inhoud

EERSTE DEEL

[1]

Bussum — Boedapest *1942*

Anna liep de tuin in en keek achterom. Vanuit het huis kon haar moeder haar nu niet meer zien. De briefkaart van Géza had ze verstopt in haar beha. Ze schoof een hand in haar blouse en haalde hem tevoorschijn. Het papier vertoonde sporen van zweet.

Boedapest, 2 mei 1942
Kleine lieve Anna,
De dagen gaan voorbij zonder jou – en ik heb nog geen enkele brief van je ontvangen. Ik loop door de straten als een blinde omdat ik alle plekken waar we zo vaak samen waren niet kan aanzien. Het doet me verschrikkelijk veel verdriet. Vertel me, wanneer zul je weer hier zijn? Wanneer kan ik je kleine, zoete en zo geliefde stem weer horen? Schrijf me, schrijf me vaak. En denk aan je treurige en trouwe Géza.

Géza moest de briefkaart op het stadhuis geschreven hebben. Hij had een drukke baan als secretaris van de burgemeester van Boedapest. Toch schreef hij haar tijdens zijn werk verliefde briefjes. Het vleide haar. Ze miste Géza ook, al kon ze aan dat verlangen niet zulke woorden geven als hij. Ze miste eigenlijk alles van Boedapest.

Bijna een maand was Anna met haar moeder in Bussum. Ze logeerden er bij hun nicht Marga, die met haar man en twee kinderen in een villa aan de Jacob Obrechtlaan woonde.

De dagen gingen voorbij met wandelen, lezen, samen een boodschap doen of een visite afleggen, precies zoals vroeger, toen Anna nog met haar moeder in pensions in het Italiaanse kuuroord Merano leefde. Ze vulden de tijd.

In Boedapest had Anna net een beetje haar eigen weg gevonden. Het was haar gelukt in de leer te komen bij de kostuumontwerper van de opera. Ze had Hongaarse vriendinnen gekregen. Voor het eerst van haar leven was ze echt verliefd, 's avonds ontmoette ze Géza stiekem in restaurants waar zigeunermuziek werd gespeeld. Maar nu zat ze vast in Holland, het land waar haar moeder en zij vandaan kwamen, maar waar ze weinig waren geweest. Anna kende er bijna niemand.

Ook haar moeder was liever in Boedapest gebleven, de stad waar ze tweeënhalf jaar hadden gewoond. Hongarije steunde de Duitsers en was niet bezet. Je merkte er weinig van de oorlog. Maar door de *Devisensperre* kon haar moeder geen geld meer krijgen vanuit Nederland, waar ze bij een Amsterdams effectenkantoor haar erfenis had ondergebracht. Omdat ze afgesneden waren van hun inkomsten, restte hun niets anders dan op de trein naar Bussum te stappen.

'Kom je alsjeblieft bij me terug?' had Géza gevraagd bij het afscheid. Anna dacht toen nog dat het misschien een bevlieging van hem was. Tenslotte was Géza getrouwd en kenden ze elkaar nog geen halfjaar. Maar kennelijk maakte dat niet uit. Elke week weer werd ze bestookt met liefdesbriefjes die niets beloofden maar wel hoop gaven.

Anna las de briefkaart van Géza nog een keer over. Toen vouwde ze hem op en stopte hem weer in haar beha; de enige plaats waar haar moeder hem niet zou kunnen vinden. Het begon al te schemeren in de tuin. Ze moest naar binnen. Straks zou haar nicht Marga de ramen verduisteren en begon de avond, die altijd veel te lang duurde.

Terwijl ze naar de villa liep, over het paadje tussen de rododendrons, wist ze het ineens zeker. Ze zou teruggaan naar

Boedapest. In haar eentje. Ze zou op de trein stappen en voorlopig niet terugkomen.

'Anna, je bent niet wijs. Hoe kun je me hier alleen achterlaten? En wat moet je in Boedapest doen zonder mij? Je bent nog geen tweeëntwintig...'

Die avond, toen ze op hun kamer waren, had Anna ruzie met haar moeder. Niet dat ze schreeuwden of met deuren sloegen, laat staan dat ze lelijke woorden gebruikten. In hun milieu gingen goede manieren en zelfbeheersing boven alles. Het bleef bij beschaafd maar daarom niet minder venijnig bekvechten.

'Mams, ik kan gaan werken, ik red me wel.'

'Denk aan je reputatie! Ik weet dat je voor Knoflook gaat. Dat heerschap is jouw aandacht niet waard.'

Haar moeder noemde Géza altijd 'Knoflook', naar zijn tweede, Duitse achternaam; hij heette voluit Irányossy-Knoblauch.

'Niet waar. Ik heb niets meer met Géza.'

'Dat jok je. Je hebt altijd zoveel voor me achtergehouden.'

Zwijgend keek Anna haar moeder aan. Bijna vijfenzestig was ze nu. Vroeger moest ze mooi zijn geweest. Je kon dat nog steeds wel zien. Maar het was geen schoonheid die straalde.

'Mijn hele leven heeft om jou gedraaid,' verbrak moeder de stilte. 'Alles heb ik altijd voor je gedaan, alles. En wat krijg ik nu terug? Ik begin ook ouder te worden, Anna. Het wordt tijd dat je je om mij gaat bekommeren.'

Zo ging het altijd. Als ze ruzie hadden, begon haar moeder over wat ze allemaal niet had gedaan voor haar enige dochter. Anna kon de verwijten wel dromen. 'Weet je dan niet dat ik voor jou naar Merano ben verhuisd, omdat het klimaat in de Italiaanse Alpen zoveel beter voor je was dan in Holland... Dat ik dagen- en nachtenlang aan je bed heb gezeten als je weer eens koorts had... De beste gouvernantes voor je heb ingehuurd... Een peperdure tandenregulering in Wenen heb betaald...'

'U kón het toch ook zo doen?' sputterde ze soms tegen, de rijke erfenis van haar moeder indachtig. 'Wat had u anders gewild? U kunt mij toch niet verwijten dat u goed voor me heeft gezorgd?'

Maar meestal zweeg ze. Haar moeder luisterde toch niet. Ze kon beter een boek gaan lezen.

'Ik kom achter je aan hoor,' zei haar moeder voordat ze in bed stapte. 'Ik blijf hier *auf keinen Fall* niet alleen.'

Die avond lag Anna nog lang wakker. Een vreemde opwinding bonkte in haar borst. Ze vroeg zich niet af wat ze in Boedapest zou vinden, noch wat ze van Géza kon verwachten. Ook aan de oorlog dacht ze nauwelijks. Er was alleen die enorme wil zich los te rukken, het avontuur te zoeken en te zien wie ze eigenlijk was.

Het was niet makkelijk een uitreisvisum van de Duitsers te krijgen: de grenzen zaten potdicht en je moest wel een heel goede reden hebben wilde je als Nederlander toestemming krijgen te vertrekken.

Géza had geschreven dat ze ervoor naar generaal Christiansen moest, de opperbevelhebber van de Wehrmacht in Nederland. Toevallig had hij de vrouw van Christiansen wel eens ontmoet. 'Doe haar maar de hartelijke groeten van mij,' was zijn advies. 'Dan komt het vast wel goed met je visum.'

Op een ochtend ging Anna op de fiets naar Hilversum, waar in het raadhuis het hoofdkwartier van Christiansen was gevestigd. De generaal zelf was er niet, vertelde zijn adjudant, maar kon hij haar misschien helpen? Zijn ogen gingen van haar blonde krullen naar haar lange benen. Anna kende die blik wel. En ook de glimlach die erop moest volgen. Als het op flirten aankwam, was ze een natuurtalent. Het hielp natuurlijk ook dat ze accentloos Duits sprak.

'Wat jammer dat de generaal er zelf niet is,' blufte ze. 'Ik had hem graag persoonlijk de groeten overgebracht van een goede Hongaarse vriend van de generaal en zijn vrouw.'

Ze raakten aan de praat. De adjudant nodigde haar uit even binnen te komen, dan was ze niet voor niets uit Bussum komen fietsen. Waar kwam ze vandaan dat ze zo goed Duits sprak? wilde hij weten. Anna vertelde dat ze was opgegroeid in Merano en Wenen, maar de laatste jaren in Boedapest had gewoond. Toen had ze het zonder aarzelen gevraagd. 'Ik wil terug naar Hongarije,' zei ze. 'Weet u hoe ik aan een uitreisvisum kan komen?'

Hij zou zien wat hij kon doen, beloofde de adjudant.

Een paar dagen later ontving Anna per post een uitnodiging voor een diner met de staf van Christiansen plus echtgenotes in hotel Het Bosch van Bredius in Naarden. 'Het zou me verheugen als u komt,' had de adjudant erbij geschreven.

Lang twijfelde ze niet. Dit was haar kans.

Op de avond van het diner werd ze bij de villa afgehaald met een militaire wagen. Haar familie sprak er schande van. 'Hoe kun je nu met die rotmoffen gaan eten?!' had haar nicht Marga uitgeroepen. Anna moest erg wennen aan die anti-Duitse houding. In Hongarije was de stemming nog heel anders geweest. Veel Hongaren waren juist niet tegen de Duitsers, die zagen eerder de Russen als hun vijand.

Géza zou toch wel weten op wie hij haar afstuurde? En ze deed goed beschouwd toch niks verkeerds? Van de nazi's moest ze niet veel hebben. Maar de Duitse cultuur was Anna vertrouwder dan de Nederlandse. Ze had de adjudant herkend als een man van keurige familie. Waarom zou ze de uitnodiging afwijzen? Niet elke militair was toch een nazi, zeker niet bij de Wehrmacht? Bovendien: ze moest en zou naar Boedapest. En die weg liep kennelijk alleen via hotel Het Bosch van Bredius.

Last van schroom had Anna niet toen ze het statige hotel aan de Oud Blaricummerweg binnenliep. Je kon haar in elk denkbaar gezelschap neerzetten, ze wist zich altijd aan te passen. Stelde de adjudant haar aan iedereen voor als 'een Nederlandse vriendin van de Christiansens', dan was ze die vriendin ook, of ze de generaal en zijn echtgenote nu kende of niet. Ze zat in haar mooiste jurk aan tafel, tussen de Duitse officieren en hun vrouwen, ze nipte van haar witte wijn, glimlachte vriendelijk, wisselde wat beleefdheden uit maar liet zich intussen niets ontgaan, want ze moest wel dat uitreisvisum zien te bemachtigen.

Aan het einde van de avond werd ze keurig thuisgebracht en niemand maakte avances.

Via de adjudant kreeg ze twee dagen later het adres van de *Ein- und Ausreisestelle* in Amsterdam, de Duitse dienst die de visa regelde. Kennelijk kenden ze daar haar naam al toen ze zich meldde. Er werd zonder veel vragen een stempel in haar paspoort gezet. '*Zielland Ungarn*' stond er met zwierige, rode letters geschreven.

Op zaterdag 13 juni 1942, een paar weken voordat de eerste wagons met Nederlandse joden naar Auschwitz reden, stapte Anna in Amsterdam op de trein naar Hongarije. Ze wilde Géza verrassen en had hem daarom niet geschreven dat ze eraan kwam.

De treinreis naar Boedapest, die zo'n dertig uur duurde, bleef Anna bij als één lange nacht. Ze reisde via Keulen, Frankfurt en Wenen en juist tijdens de etappe door Duitsland was het buiten grotendeels donker. Het was druk in de trein. Bij elk volgend station drongen meer mensen naar binnen. Families die de steden in het Ruhrgebied ontvluchtten vanwege de aanhoudende geallieerde bombardementen, soldaten met zware bepakking. Het leek of heel Duitsland op drift was. Urenlang stond Anna op de gang omdat ze nergens anders een plek kon vinden.

Nog niet eerder was de chaos in Europa zo dichtbij gekomen. Toch was het net of het Anna niet raakte. De oorlog, dat was iets van hoge heren die aan politiek deden of van soldaten aan het front, ver weg in Rusland of Noord-Afrika. Wat had zij ermee te maken? Een jonge vrouw met geld en een hoofd vol dromen? Zij was op weg naar Hongarije, een van de weinige plaatsen in Europa waar het leven nog zijn oude loop had en waar Géza op haar wachtte, haar eerste grote liefde.

Het voelde goed weer onderweg te zijn. Haar moeder had haar jarenlang op sleeptouw genomen door heel Europa; ze was niet gewend op één plek te blijven. De gedachte dat ze in het doodsaaie Bussum zou moeten wachten tot de oorlog voorbij was – misschien wel een halfjaar, of nog langer – had haar steeds benauwd. Nu ging ze haar vrijheid tegemoet. De trein denderde voort en elk uur raakte ze verder verwijderd van haar overbezorgde moeder, die haar altijd zo angstvallig in de gaten had gehouden.

[2]

Badenweiler *1919-1920*

In de winter van 1920 kreeg Anna's moeder, Annie Boom-Osieck, last van haar maag. Ze had een opgezette buik, voelde zich zwak en misselijk. De dokter in Menton, de Franse kust-plaats waar ze met haar man Willem verbleef, vermoedde dat ze een gezwel had. Hij schreef radiotherapie voor: een nieuwe behandeling waarmee goede resultaten werden geboekt. Maar ook nadat Annie een aantal keren was bestraald, bleef het gezwel groeien.

'Zou je soms zwanger zijn?' vroeg een vriendin op een dag.

Annie Boom-Osieck keek haar stomverbaasd aan. Ze had nooit met die mogelijkheid rekening gehouden. Toen ze in mei 1919 trouwde met Willem Boom was ze al tweeënveertig. Ze rekende nergens meer op.

Opnieuw werd de dokter geraadpleegd. Al snel moest deze zijn falen erkennen. Annie Boom-Osieck bleek vijf maanden in verwachting te zijn.

'Ik ben dus eigenlijk een bestraald maaggezwel,' zei Anna daar later met een grote grijns over.

De schok was groot. Zou alles wel goed zijn met het kind, nadat het was blootgesteld aan bestraling? Schuldbewust gin-gen Annie en Willem op zoek naar een goede vrouwenarts, die ze vonden in professor Bulius van de universiteitskliniek in Freiburg im Breisgau, Zuid-Duitsland.

In afwachting van de bevalling namen ze in mei 1920 hun

intrek in hotel Römerbad in het kuuroord Badenweiler, aan de rand van het Zwarte Woud, een uur rijden van Freiburg.

Hoe haar vader eruitzag als hij lachte, wist Anna niet, want op de paar foto's die ze van hem had, keek hij steeds even ernstig.

Op een van die foto's, gemaakt in Badenweiler in 1920, zie je haar vader op een bankje zitten in het kuurpark. Hij is twee-enveertig maar lijkt veel ouder – en niet alleen omdat hij al helemaal grijs is. Hij leed aan tuberculose. Zijn ogen liggen diep in hun kassen en staan dof, uitgeblust. Ook zijn houding is die van een man op leeftijd. Door het vele hoesten houdt hij zijn schouders opgetrokken en lijkt het of zijn hoofd direct op zijn romp rust. Het driedelige pak dat hij draagt kan zijn magerte niet verhullen.

Soms vroeg Anna zich af hoe hij het vond om vader te worden. Had hij ernaar uitgezien, had hij hoop durven hebben?

Anna's moeder had Willem Boom ontmoet in 1917. Een beschaafde, aimabele man uit een vooraanstaande Amsterdamse familie, die een goedlopend verzekeringskantoor had aan de Weteringschans. Tot dan toe had Annie weinig geluk gehad met mannen. Als jonge vrouw was ze verliefd geweest op een Indische student, met wie ze van haar ouders niet mocht omgaan omdat zij de 'zwarte jongen' ver beneden hun stand achtten. Annie had erg geleden onder die verboden liefde. In het dagboek dat ze in die jaren bijhield, schreef ze:

Het was avond, toen wij het feest verlieten,
Jij kwam met schuwe blik op me af,
In je hand zag ik een papiertje glinsteren,
Mijn eerste liefdesbrief!

In plaats van het aan te nemen, ging ik er snel vandoor,

17

Als ik er nu aan denk, spijt het me nog steeds,
De eerste liefdesbrief bleef ongelezen.
En waarom? Alleen vanwege mijn goede opvoeding…

De vader van Annie had veel geld verdiend met de import van meel en mout uit Amerika. Ze groeide in weelde op aan de Keizersgracht in Amsterdam. Op jeugdfoto's poseert Annie in hooggesloten, lange jurken. Een jonge vrouw met opgestoken haar, donkere wenkbrauwen en een trotse, maar ook gekwelde blik in haar ogen.

Wat is het toch, dat me zo bedroeft,
Is het onmogelijk waarnaar ik verlang,
Wat pijnigt toch mijn hart,
Geen mens kan helen wat door de liefde werd verwond.

Vanaf 1910 verbleef Annie vaak in kuuroorden. Ze kampte met tal van vage kwalen en had last van 'melancholie'. Terwijl haar zussen een goede partij trouwden, kinderen baarden en hun drukke huishouden met personeel bestierden, wandelde zij in haar eentje door de bossen bij Badenweiler, of dompelde ze zich onder in de genezende baden van Garmisch. Even had ze een oogje op haar lijfarts in Badenweiler, Hofrat dokter Schwoerer, maar dat kon niets worden omdat hij getrouwd was. Het begon erop te lijken dat ze alleen zou blijven. Totdat ze, op haar veertigste, Willem Boom tegenkwam.

Was ze zo verliefd op hem dat ze de ernst van zijn ziekte niet wilde zien? Of klampte ze zich aan hem vast omdat hij haar laatste kans was op een huwelijk en nog een paar mooie jaren samen? Anna wist niet waarom haar moeder haar zinnen had gezet op de tuberculeuze Willem. Voor het geld hoefde ze het in elk geval niet te doen: in 1906 had ze bij de dood van haar vader honderdduizend gulden geërfd, een kapitaal waaraan ze haar hele leven genoeg zou hebben.

Elke week weer stuurde Annie vanuit haar woonplaats Den

Haag oesters naar haar geliefde in Amsterdam, al werd daar in de familie Boom lacherig over gedaan. De 'Bomen', zoals Annie haar schoonfamilie kortweg noemde, waren tegen een mogelijk huwelijk, officieel omdat Willem ziek was, maar ook speelde mee dat hij zijn moeder en een ongetrouwde zuster onderhield, die bang waren dat hun toelage minder werd wanneer Willem een gezin zou krijgen.

Lange tijd twijfelde Willem. Hij wilde loyaal zijn aan zijn familie en maakte zich zorgen over zijn gezondheid. Steeds vaker moest hij wekenlang kuren in Davos. Wat had hij een vrouw te bieden? Maar na ruim twee jaar koos hij toch voor Annie. Ook voor hem was het een laatste kans op een huwelijk en een beetje geluk.

Allen bij mij thuis, moeder vooraan, hebben de grootste waardering en genegenheid voor je persoon en weten je blijken van liefde voor mij ook heus naar waarde te schatten,

schreef Willem op 12 maart 1919 aan zijn 'allerliefste *Mädel*, verwijzend naar de oesters en de verlovingsperikelen.

Zij staan echter ten opzichte van mijn trouwen met jou op een standpunt – ingegeven uitsluitend door mijn gezondheidstoestand – dat van het jouwe verschilt. Hoor eens kind, ik begrijp heel goed dat je het een heel ding vindt om hier thuis te komen en ik kan al je bezwaren volkomen billijken. Maar als ik je nu zeg dat mijn liefde voor jou groot genoeg is om alle bezwaren uit de weg te ruimen, dat ik alles zal willen doen wat binnen mijn vermogen ligt om je een gelukkig en heerlijk samenzijn te verschaffen zolang mij het leven gegeven is, ben je dan overtuigd dat het mijn wens is om aan allen hier te zeggen: 'Hier is Annie weer terug – wij blijven elkander trouw en zullen de rest van ons leven samen delen.'

Op 6 mei 1919 trouwden Annie en Willem. Ze gaven een grote

receptie in het Amstelhotel in Amsterdam, ook al had Willem nog kort daarvoor aan zijn 'lieve bruidje' geschreven dat hij 'het verschrikkelijk benauwd had, heel veel hoestte, en dringend rust nodig had'. Kort daarna vertrok het echtpaar naar Menton, aan de Franse Côte d'Azur, in de hoop dat de zeelucht en het mediterrane klimaat Willem goed zouden doen.

Net toen het stel een beetje op adem was gekomen, werd hun een kind in de schoot geworpen.

~

In de jonge Weimarrepubliek heerste politieke chaos en was, bijna twee jaar na het einde van de Eerste Wereldoorlog, nog steeds aan alles gebrek. Maar in hotel Römerbad in Badenweiler, waar Annie en Willem de bevalling afwachtten, dronken de kuurgasten koffie uit zilveren kannen en genoten ze op het grote terras aan de achterkant onverminderd van het uitzicht over de Vogezen.

Af en toe maakte Annie met haar dikke buik nog een korte wandeling door het kuurpark, dat naast het hotel lag. Als Willem niet te veel hoestte, ging hij met haar mee. Ze schuifelden dan samen langs de bronzen buste van de Russische schrijver Anton Tsjechov, die in 1904 in Badenweiler was overleden aan tuberculose. *Hofrat* Schwoerer, Annies lijfarts, had Tsjechov bijgestaan op zijn sterfbed, al kon hij op het laatst niet veel meer doen dan de grote schrijver een glas champagne aanbieden. Nu probeerde diezelfde Schwoerer de steeds ziekere Willem te helpen.

Toen de bevalling zich aandiende, spoedden Annie en Willem zich met een auto met chauffeur naar Freiburg. Op 24 juni 1920 werd Anna geboren in de vrouwenkliniek van het universiteitsziekenhuis. Het was een zware bevalling – 'moeder of kind', zou professor Bulius op een kritiek moment hebben gevraagd – maar als door een wonder liep alles goed af.

Op de eerste foto's kijkt ze met heldere, nieuwsgierige ogen om zich heen, vastbesloten er te zijn, al hadden haar ouders nog geen idee welke plaats ze dit kind in hun leven moesten geven.

Anna kende geen verhalen over haar vader, geen anekdotes. Haar moeder had bijna niets over hem verteld. Soms keek ze naar de enige foto die er van hen samen was. Dan zag ze een grijze man in pak, gebogen over het in kant gehulde popje in zijn armen, en dacht ze: Was dat mijn vader? Heb ik hem gemist? Had ik hem moeten missen? Heb ik hem in anderen, in mannen, gezocht?

Willem kon zijn pasgeboren dochter maar even zien in Freiburg. Het was druk en warm in de stad, hij voelde zich ziek. Zo snel hij kon keerde hij terug naar de rust van hotel Römerbad, waar hij elke dag brieven schreef aan zijn 'allerliefste Annie'.

Badenweiler, 1 juli 1920
Al een week is nu het kindje oud en pas één keer heeft de vader het kunnen bewonderen en misschien komt er ook in de eerste dagen niets van dat ik bij jullie in Freiburg kom om moeder en kleine Anna nog eens te liefkozen.
Vanmorgen heeft Schwoerer mij weer onderzocht en bevonden dat ik noch slechter noch beter ben en met zeer taai bronchitisslijm te maken heb, door dit laatste blijf ik aldoor zo hoesten en blijft de kortademigheid mij zo hinderen. Dan ben ik ook weer zo ellendig moe en slap, alles is mij te veel en ik ben maar blij als ik alleen op mijn kamer zit en rust. Zeer hindert mij ook de nervositeit.
Een van de lichtpunten dagelijks zijn de goede berichten die van de lieve jonge moeder en het kindje komen. Pijn, ja kind dat zal nog wel niet geheel over zijn, maar dat gaat nu ook niet alles in eens en wij mogen toch blij zijn dat alles zo goed gelopen is.

De wereld van Willem werd steeds kleiner. Hij verlangde naar de kleine Anna, schreef hij meer dan eens, maar had niet de kracht naar 'zijn popje' toe te komen.

Mijn liefste Annie, de Hofrat heeft mij weer wat nieuws voorgeschreven, namelijk inhalatie, vandaag houd ik mijn kamer weer. Gelukkig dat het weer afgekoeld is, die hitte heeft ook gemaakt dat ik naar een andere kamer heb omgezien en voorlopig wel wat beters heb gevonden.

Elke dag word ik van 11 tot 1 en van 5 tot 7 met wikkels in bed gestopt. Van naar beneden gaan is nog geen sprake. Ik hang de hele dag op bed of stoel, zonder iets anders uit te voeren dan in mijn krantje te bladeren.

Eind juli 1920 kwam Annie met de baby terug naar Badenweiler. Anna werd gedoopt in het protestantse kerkje vlak bij hotel Römerbad; Hofrat dokter Schwoerer werd haar peetvader. Maar echt feestelijk was de stemming in het gezin niet. Willem hoestte bijna onophoudelijk. Annie had last van ischias en ander pijnen, op kaartjes die ze aan haar zussen stuurde beklaagde ze zich erover dat ze 'zo slecht vooruit ging' en 'down' en 'zenuwachtig' was. Over haar dochter, die was toevertrouwd aan een kinderverzorgster, schreef Annie niets.

In het vochtige, kille Holland konden ze niet wonen, en ook in Badenweiler werd het te koud. In de herfst van 1920 trokken Annie en Willem opnieuw naar Menton, waar ze een kamer met zeezicht vonden in het Westminster Hotel, vlak achter de boulevard.

Ondanks alle goede zorgen kreeg Willem in november van dat jaar een longontsteking. Penicilline bestond nog niet. Hij kreeg hoge koorts, raakte uitgeput en op de negentiende november 1920 overleed hij. Anna was nog geen vijf maanden oud.

[3]

Merano *1923-1934*

Als kind droeg Anna ook met mooi weer een wollen muts. En wanneer ze tijdens een wandeling met haar moeder wilde uitrusten, werd er eerst een schapenbontje voor haar uitgespreid op een stadsbank of het gras. Net als haar vader had Anna zwakke longen. Met vesten, sjaals en warme kousen probeerde haar moeder haar angst te bezweren.

Nadat Willem was begraven op de Amsterdamse begraafplaats Zorgvlied, besloot Annie aanvankelijk in Nederland te blijven, dicht bij haar familie. Ze huurde een appartement in Den Haag en nam een kindermeisje aan, Hanna, dat de dagelijkse zorg voor Anna op zich nam. Zelf was ze vaak weg. Ze moest zaken regelen, zoals Willems erfenis, waarover ze ruzie had met de familie Boom. Ook ging ze regelmatig naar een kuuroord of kliniek. Anna werd dan samen met het kindermeisje ondergebracht bij het gezin van oom Jacques in Overveen, een broer van haar moeder die het meel- en moutimportbedrijf Osieck & Co had overgenomen.

Mijn popje, wat ben je toch een grote dame dat je nu kaarten van mij krijgt. Blijf je lief liggen als Hanna je neus schoonmaakt? En stil zitten kleine schat als Hanna je bolletje met brandewijn doet. Ik hoop dat je me volgende week kunt komen halen met Hanna, en dan mag mammie jou wel een handje geven hè, want mammie kan nog niet alleen lopen.
Dag toetie, heel veel kusjes van moeder.

In hun Haagse kamers was het vaak stil. 'Ssst,' zei Hanna dan, 'je mama heeft hoofdpijn en slaapt…' Kinderliedjes leerde Anna niet. Zelfs de woorden van 'Slaap kindje slaap' kon ze zich later niet herinneren. Ze speelde veel in de tuin met haar paard op wielen. Soms, als het erg warm was, gingen ze naar zee. Dan mocht ze op een deken op het zand zitten, dicht tegen haar moeder aan.

Op foto's straalt ze. Een blond meisje in witte jurkjes, met ogen die niets willen missen. 'Alles was donker in die tijd,' vertelde haar moeder over die eerste jaren, 'maar jij zat aldoor te lachen in je bedje. Je was een kind van de zon.'

Anna was wel vaak ziek. In de winter van 1923 liep ze voor de zoveelste keer een bronchitis op. Ze had hoge koorts en lag nachtenlang te ijlen. Toen besloot haar moeder dat het genoeg was, misschien ook omdat ze na haar jarenlange zwerftochten zelf niet meer kon aarden in het 'naargeestige, Hollandse klimaat'. Nog voor het einde van het jaar pakte ze haar koffers en vertrok ze met kind en kindermeisje naar Merano: een kuuroord in de Italiaanse Alpen dat sinds het einde van de negentiende eeuw een elitair, vaak ook artistiek publiek trok – onder wie keizerin Sissi, de componist Béla Bartók en schrijver Franz Kafka – en dat bekendstond om zijn milde temperaturen, gezonde berglucht en mooie ligging aan de rivier de Passer.

Anna en haar moeder woonden in pension Hohenwart, in een villawijk net buiten het centrum. Vanaf het balkon hadden ze uitzicht op de tuin en de besneeuwde Alpentoppen in de verte. Haar moeder had uit Holland tafelkleedjes, ingelijste familiefoto's en vaasjes meegenomen; met kleine snuisterijen probeerde ze hun pensionkamer iets huiselijks te geven. Toch had Anna nooit het gevoel dat pension Hohenwart haar thuis was. Ze logeerde er, net als de andere gasten – met dit verschil dat haar moeder en zij niet na een paar weken weer vertrokken, maar dat zij er bijna tien jaar bleven.

In het pension waren bijna nooit kinderen. 's Avonds, wanneer Anna met haar moeder de eetzaal binnenkwam, begroette ze de andere, vaak bejaarde kuurgasten met een knicks, een lichte kniebuiging. Haar moeder hechtte erg aan goede manieren. Aan tafel zat ze rechtop. Ze hield haar ellebogen bij zich, wist dat je aardappels niet met een mes mocht snijden. *Gute Nacht*, zei ze keurig tegen iedereen als ze weer naar boven gingen. Ze rende niet op de trappen. Als een kleine volwassene deed ze mee in de wereld van haar moeder.

Anna speelde vaak in haar eentje in de grote tuin van het pension. Soms kwam iemand van het personeel bij haar kijken, maar haar moeder had niet graag dat ze met de kamermeisjes omging. 'Je moet niet zo amicaal zijn met iedereen,' zei ze. Anna had veel poppen en beren. Als het mooi weer was, zette ze die in de tuin allemaal op een rijtje. Ze zat op het grasveld, in haar witte jurk, omringd door mooi aangeklede poppen met porseleinen gezichten en pluchen beesten. Anna gaf ze namen, praatte tegen ze en sleepte ze steeds met zich mee. De ommuurde tuin kon ze niet uit, maar in gedachten ging ze overal naartoe. Totdat de stem van haar moeder haar weer terugbracht: 'Anna, je wordt koud daar in de schaduw, kom gauw naar binnen.'

Vlak naast de rivier de Passer stond de meisjesschool van de nonnen; de *Englische Fräulein*. Anna ging er graag heen. Ze hield van het rumoer, de spelletjes op het schoolplein. Ze had er ook vriendinnetjes. Maar vaak mocht ze van haar moeder niet naar school. Als ze ook maar een beetje hoestte, moest ze in het pension blijven. Dan werd ze op het balkon in de zon gezet, ingepakt in een dikke deken, en bracht een kamermeisje haar warme melk.

Wanneer ze lang moest verzuimen, liet haar moeder soms een privélerares komen; juffrouw van Dijk, een Nederlandse vrouw die met haar moeder en zuster in Merano woonde. Juffrouw van Dijk had niet geleerd voor onderwijzeres. Ze was ook niet erg intelligent en bovendien 'een beetje eenvoudig', zoals Annie Boom-Osieck altijd zei over mensen die niet van haar stand waren. Maar kennelijk kon ze in Merano geen betere juf vinden.

Terwijl haar moeder buiten in de tuin wandelde, zat Anna met juffrouw Van Dijk aan een klein tafeltje in de pensionkamer. Het was er vaak warm. Vliegen botsten zoemend tegen de gesloten ramen op. 'Kom Anna, we gaan lekker aan de slag,' zei juffrouw Van Dijk. Ze moest voorlezen uit de aardrijkskunde- en geschiedenisboekjes die haar oom Jan Boom vanuit Nederland had opgestuurd. Juffrouw Van Dijk gaf een dictee op, of ze moest wat sommen maken. Vaak was ze met haar gedachten ergens anders. Waarom zou ze ook moeten weten waar de Rijn Nederland binnenkwam of wie Willem van Oranje was? Uit verveling begon ze juffrouw Van Dijk soms te pesten; die goede vrouw geloofde alles.

'Wist u wel dat ik vorige week jarig was?'

'Nee Anna, wat erg. Ik heb niets voor je meegebracht!'

'Dat kunt u best de volgende keer doen, hoor.'

Anna miste ook veel lessen omdat haar moeder haar meenam op reis. Dan gingen ze naar ski-oorden of badplaatsen aan zee en leerde ze niks, al liet haar moeder juffrouw Van Dijk nog zoveel huiswerk opgeven. En van het dictee dat haar moeder haar 's avonds liet maken – meestal las zij een stukje voor uit de plaatselijke krant – werd ze niet veel wijzer.

Het gebeurde ook vaak dat haar moeder kuren moest en Anna voor een paar weken werd ondergebracht in een internaat, waar ze wéér andere lessen kreeg of zelfs helemaal niet naar school hoefde.

Mijn liefste moedertje, dank u hartelijk voor uw briefkaart.

*Wij zijn deze week in de dieretuin geweest, wij hebben ook
olivaanten gezien,*

schreef Anna in mei 1930 – ze was toen bijna tien jaar oud –
vanuit een internaat in het Zwitserse Rheinfelden aan haar
moeder, die in hotel Römerbad in Badenweiler logeerde.

*Wij zijn met de trein naar Basel gegaan, zo leuk. En die
mevrouw van Henny die hebben mij zondagmiddag gehaald
om naar een huis te gaan waar ze bier maken, zo leuk. Ik heb
een paar zaadjes waar ze bier van maken voor u bewaart.
Deze briefkaart schrijf ik om 9 uur morgens, wij lopen al om
10 uur op de straat. Om half 9 zijn wij al klaar met ontbijten.
En het middag eten is om half 1 en om 1 uur zijn wij klaar. En
dan gaan wij liggen. En om 3 uur zijn wij klaar met liggen en
dan gaan we in het bos spelen tot half 6 en dan naar huis.
Dag mijn moedertje, 1000 kusjes van Anna.*

Een paar maanden na haar verblijf in Rheinfelden zat Anna
alweer voor een aantal weken in een internaat in het Beierse
Oberstdorf, terwijl haar moeder in Garmisch-Partenkirchen
verbleef.

*Nu worden juist de appels klaar gesed en gongt het, dag mams,
ik schrijf zo weer verder. En hoe gaat het met uw buikpijn
mams en ik hoop dat u altijd lekker slaapt.*

Haar moeder klaagde vaak over de vele spelfouten die ze
maakte. 'Mis je me nog een beetje met een t en niet met een
d?!' Maar de gezondheid van haarzelf en haar dochter ging
voor alles.

Steeds weer verlangde Annie Boom-Osieck naar elders. Een
plek waar ze zich misschien beter zou voelen, waar ze geen last
had van hoofdpijn en niet werd gekweld door somberheid.
Anna wist niet beter dan dat al hun verblijfplaatsen tijdelijk

waren. Ze volgde haar rusteloze moeder; het koffers pakken en vertrekken werd haar vertrouwder dan het blijven.

Er was geen God die hen vergezelde. 's Avonds, als haar moeder haar in bed stopte, vroeg ze altijd in een gebedje of de goede Heer heel de nacht over Anna wilde waken, maar naar de kerk gingen ze nooit en uit de Bijbel lazen ze niet. Voor Anna werd God een sprookjesfiguur uit verhaaltjes, een lieve man met een baard op een wolk; zeker niet iemand die ze hoefde te vrezen of met wie ze op een andere manier rekening moest houden.

Altijd was ze zonder morren meegegaan als haar moeder op zondagmiddag een wandeling maakte over de Tappeiner Weg, een wandelpad voor de kuurgasten van Merano. Ze deed haar zijden jurk aan, gaf haar moeder een hand en knikte vriendelijk naar de mensen die ze onderweg tegenkwamen. Maar op een dag, ze was een jaar of elf, wilde ze niet meer.

'Mams, we lopen elke week hetzelfde rondje,' zei ze, 'vandaag ga ik niet mee.'

Haar moeder was niet te vermurwen. 'Anna, toe nou. Zo'n bergwandeling is goed voor je borstkas. Kom op, je moet.'

Mokkend volgde ze haar moeder. Ze liepen de promenade langs de rivier af, passeerden het witte Kurhaus, lieten de bebouwing achter zich en klommen naar boven. Het was herfst, de wijnstruiken op de bergflanken rondom Merano kleurden goud en geel. Al snel lag het stadje met z'n rode pannendaken ver beneden hen.

Af en toe bleef haar moeder staan om met iemand te praten. Zelf zei Anna de hele weg niets. Ze keek naar haar schoenen. Ze schopte een steentje weg. Toen hielden haar voeten stil. Van het ene op het andere moment had ze besloten dat ze geen stap verder zou zetten.

Het duurde lang voordat haar moeder erachter kwam. Aanvankelijk bleef ze op haar staan wachten, zo'n honderd meter verderop. Ze begon te zwaaien.

'Kom nu, Anna!'

Maar ze bleef staan waar ze stond.

'Anna!'

Nu kwam haar moeder teruglopen.

'Anna, wat is er met jou aan de hand,' zei ze toen ze, een beetje buiten adem, voor haar stond.

'Ik wil niet meer.'

'Doe nu niet zo kinderachtig, Anna.'

'Ik wil nooit meer met u wandelen.'

'Anna…'

Ze begon te schreeuwen. Er kwam een enorme woede omhoog. Ze wist niet dat ze zo boos kon zijn. Ze schreeuwde dat ze een rotmoeder had. En dat ze nooit, maar dan ook nooit meer mee ging wandelen.

Anna had veel verwacht, maar dit niet. Haar moeder ging op een steen zitten en begon te huilen. Ze pakte een zakdoek uit haar handtas, veegde haar ogen af, snoot haar neus. Maar de tranen bleven komen.

Zwijgend keek Anna toe. Ze sloeg geen arm om haar moeder heen, ze maakte geen excuses, ze deed niets. Een gevoel van triomf welde op in haar borst. Toen begon ze langzaam weg te lopen, zonder nog om te kijken.

Als er sneeuw lag, gingen ze naar Cortina d'Ampezzo in Italië, St. Moritz in Zwitserland of Oberstdorf in Duitsland. Haar moeder hield van wandelen en langlaufen, althans, op de dagen dat ze zich in orde voelde. Anna ging graag skiën. Ze kon het goed. Al toen ze negen was, suisde ze van de steilste pistes naar beneden.

Het was in Cortina d'Ampezzo, in 1933, dat ze op een dag

bloed vond in haar onderbroek. Ze zat op de 'hum' – nooit 'toilet' zeggen, had ze van haar moeder geleerd – van hun kamer in het Cristallo Palace Hotel en schrok enorm. Had ze zich verwond tijdens het skiën? Bloedde ze nu dood?

Haar moeder zat te lezen. Ze besloot het erop te wagen.

'Mams, ik bloed, van onderen.'

Haar moeder keek verbaasd op. 'Nu al?' vroeg ze.

Ze kreeg van haar moeder verband en een gordeltje. 'Het hoort erbij,' zei ze. Anna durfde niet te vragen wáárbij het dan hoorde. Ook over zulke dingen spraken ze niet.

Haar lichaam was het hare niet meer. Ze werd steeds langer, de meeste meisjes van haar leeftijd waren nu kleiner dan zij. 's Nachts duwde ze vergeefs haar hoofd tegen de bedsteun; niets leek het groeien nog te kunnen stoppen. Als ze een sprong maakte op de ski's voelde ze haar borsten heen en weer wiebelen in haar wollen hemd.

Misschien moest ze een beha gaan dragen, net als haar moeder. Maar ze wist niet hoe ze daarover moest beginnen en haar moeder zei er niets over, ook al waste die elke dag haar rug en kon de verandering haar niet zijn ontgaan.

Misschien had haar moeder het liefst gehad dat ze altijd een meisje was gebleven. Een meisje dat ze elke ochtend kon wassen en borstelen en dat tot het einde bij haar zou zijn. Ze was alles wat haar moeder had. En lange tijd was haar moeder alles wat zij had. Ze had zich uitsluitend naar háár gericht, als een zonnebloem naar de zon, niet wetende waar ze zich anders aan kon warmen.

Als Anna lachte op foto's uit die tijd, kon je het goed zien. Haar boventanden stonden ver naar voren, terwijl haar onderkaak naar achteren week. 'Er moet echt iets aan gedaan worden,' zei haar moeder steeds vaker. 'Een goed, gezond gebit is zo belangrijk.'

Wekenlang correspondeerde haar moeder intensief met kennissen, op zoek naar de allerbeste tandarts. Ze werd getipt dat er een hele goeie in Wenen zat, professor Gottlieb in de Türkenstrasse.

'Daar moeten we dan maar heen,' verzuchtte haar moeder uiteindelijk.

Zo verhuisden ze alleen voor Anna's tanden naar Wenen. Ze waren er nog nooit geweest en kenden er niemand.

In september 1934 stapten ze met al hun bagage op de trein. Haar moeder had op het laatste moment nog wel even getwijfeld. De bondskanselier van Oostenrijk was net vermoord, Dollfuss. Er was iets met nazi's geweest. Die hadden geprobeerd de macht te grijpen. Zou het wel rustig blijven in Wenen? Haar moeder had professor Gottlieb om raad gevraagd. 'Mevrouw, komt u maar, er wordt hier heus niet elke dag iemand vermoord,' had die teruggeschreven. En dus pakten ze hun koffers.

Anna wilde graag haar poppen meenemen naar Wenen. Maar dat mocht niet van haar moeder. Ze hadden al zo veel bagage, waar moesten ze al die poppen laten? Alleen haar beer en konijn mochten mee. De eigenaresse van Hohenwart beloofde de poppen voor haar te bewaren, in een hutkoffer op zolder.

[4]

Wenen *1934-1939*

De man had maar één been. Hij zat op straat, naast hem stond
een bus waar je geld in kon gooien. Anna staarde hem aan.
'Loop door,' zei haar moeder, 'dat is een oorlogsinvalide.' Maar
ze bleef kijken. Ze kon zich niet voorstellen wat er met de man
gebeurd kon zijn, welk geweld dat been eraf had geblazen.
'Nooit kijken naar mensen,' siste haar moeder.

Later, toen de oorlog ook tot Boedapest was doorgedron-
gen, moest Anna soms terugdenken aan de verminkte bede-
laars die ze als meisje in Wenen had gezien. Niets wist ze van
de wereld toen; ze was de pensiontuin en haar poppen nauwelijks ontgroeid. Wie had kunnen denken dat dát meisje – ze
herinnerde zich haar verbijstering, haar smetteloos witte kousen – tijdens het beleg van Boedapest zou helpen bij amputaties die zonder verdoving werden uitgevoerd.

Anna had nog lang heimwee naar Merano. In de zomer voor
hun vertrek naar Wenen logeerde ze met haar moeder een
paar weken in een hotel op Vigiljoch, een bosrijke hoogvlakte
boven Merano die je alleen per kabelbaan kon bereiken. Haar
vriendinnetje Helga was er, al snel leerde ze ook andere kinderen kennen. Buiten spelen was gezond, vond haar moeder, dus
mocht ze dagenlang met haar nieuwe vrienden pingpongen.

Nu was ze weer alleen, in een stad waar alles groot en vreemd
was. Haar moeder had voor haar een privéschool gevonden in
de Weihburggasse, vlak bij de Stephansplatz met zijn beroemde

kerk, maar het eerste halfjaar was ze vaak afwezig omdat ze steeds naar professor Gottlieb moest. Er werden foto's en afdrukken van haar gebit gemaakt, Gottlieb fabriceerde beugels en platen voor haar; om de haverklap zat ze in de praktijk in de Türkenstrasse omdat er weer iets opgemeten of aangedraaid moest worden. Ze had een mond vol ijzer.

Haar moeder en zij logeerden in een pension in de Johannesgasse, midden in het centrum. Elke middag maakten ze een wandeling. Ze gingen theedrinken in de Kursalon in het Stadtpark, liepen een rondje door de Burggarten, of deden een boodschap in de Kärntnerstrasse. 's Avonds aten ze in de eetzaal van het pension het dagmenu of bakte haar moeder in hun kamer een ei op het reiskomfoortje dat ze aanmaakte met stinkende metablokjes.

Soms probeerde Anna iets te spelen op de trekharmonica die ze van haar moeder cadeau had gekregen, maar lang oefenen kon ze nooit omdat dan de andere pensiongasten op de muur begonnen te bonken.

Op een dag liep Anna langs een etalage en zag ze zichzelf in het glas weerspiegeld. Een slungelig, lang meisje met blond, steil haar dat recht boven haar oren was afgeknipt, een plooirok en dikke wollen kousen. Geen kind meer, maar ook nog geen vrouw. Ze zat ertussenin. Wel vaker had ze het gevoel dat ze nergens bij hoorde. Niet bij een familie, niet bij een woonplaats. In Wenen was ze een vreemde, maar ook in Merano voelde ze zich niet meer thuis.

Kort daarvoor was ze met haar moeder voor een vakantie teruggegaan naar pension Hohenwart. Ze was meteen naar de zolder gelopen om haar poppen te zoeken. Maar de hutkoffer was er niet meer. De eigenaresse van Hohenwart begreep er ook niets van. Ze had er heus goed op gelet.

In het pension ging alles door als anders. De kamermeisjes knepen even in haar arm – 'Ha Anna, wat word je groot!' – maar liepen al snel verder met hun karren met schone handdoeken. Er was geen spoor van haar moeder en haar achtergebleven; het leek of ze er nooit waren geweest.

~

'Ga je nog mee de stad in?' vroeg Lorle, een Zweeds meisje dat ze op school in Wenen had leren kennen.

Ze waren samen naar 'ritmische gymnastiek' geweest in het Palais Calvi. Eigenlijk moest ze terug naar het pension. Haar moeder wachtte op haar. Met een vriendin zomaar door de stad slenteren zou ze zeker niet mogen. Aarzelend stemde ze toe.

Ze liepen door de Kärntnerstrasse en keken naar de etalages. Lorle was ook vijftien, net als zijzelf, maar ze krulde haar haar al en droeg lange jassen met een bontkraagje. Ze kletsten en lachten. Voor ze het wist was het vijf uur, terwijl ze had beloofd om vier uur weer in het pension te zijn.

'Waar was je?' riep haar moeder toen ze nog nahijgend hun kamer binnenkwam.

'Het spijt me. De les liep uit. En daarna heeft Lorle me in de kleedkamer nog wat huiswerk uitgelegd.'

Zo was het liegen begonnen. Ze moest wel, anders kon ze niets. De ogen van haar moeder waren overal. Ooit had ze geprobeerd een dagboek bij te houden, in een cahier dat ze opborg in de la van haar nachtkastje. Maar haar moeder controleerde geregeld haar spullen en las in haar schrift.

Al snel werd ze erg handig in het verzinnen van smoezen.

'Ik was nog even bij Lorle thuis om Franse woordjes te oefenen,' zei ze als ze met Lorle naar de bioscoop was geweest.

'Ik heb mijn schoenen laten maken en moest erg lang wachten,' verzon ze als ze ergens koffie was gaan drinken.

Als kind had Anna zich vaak moeten aanpassen aan een nieuwe omgeving. Ze was geen grote prater, maar wel een behendige, iemand die snel de juiste woorden kon vinden om zichzelf met een vreemde situatie vertrouwd te maken. Met diezelfde handigheid wist ze nu haar moeder te overtuigen.

'Hoe kan dat nu zo lang duren, een paar schoenen maken?'
vroeg haar moeder.

'O, die schoenmaker had een leerling en die kon er niks
van,' fantaseerde ze, 'het schoot maar niet op en op het laatst
moest die schoenmaker alles overdoen.'

Ze verschool zich achter haar verhalen en wat telde was niet
langer of het waar was wat ze zei, maar of ze ermee wegkwam.

De cellist had een zacht, ernstig gezicht en een lange lok over
zijn voorhoofd. Anna moest steeds naar hem kijken. Ze zat
samen met haar moeder op een van de witte stoeltjes in het
kuurpark van Baden bei Wien. In het halfronde muziekpavil-
joen werd een concert gegeven. Na een halfuur wist ze het
zeker: hij keek ook naar háár.

Wilde ze misschien iets met hem drinken? vroeg de cellist
haar na afloop.

Zeventien was ze, en op foto's kun je zien hoe sterk ze
veranderde in die tijd. Professor Gottlieb had haar tanden
recht gezet. Ze krulde haar haar, waardoor ze er ouder en
vrouwelijker uitzag. Ook haar blik was anders. Zekerder, ver-
leidelijker.

Karl Hörbe heette de cellist. Hij woonde in Wenen, waar
hij speelde bij het Wiener Symphonieorchester, maar 's zomers
trad hij op met het kuurorkest van Baden. Ze gingen samen
wandelen, een ijsje eten, ze trok haar hand niet terug toen hij
die vastpakte. Soms leek het of ze zweefde. Bij haar moeder
kon ze weinig goed doen, er viel altijd iets te mopperen. Maar
Karl vond haar aardig en helemaal goed zoals ze was.

Op een avond kreeg ze in het kuurpark haar eerste kus. Ze
schrok zich rot. Snel veegde ze haar mond af. Kreeg ze nu een
kind?

Ze waren er niet bij toen Hitler op 14 maart 1938 Wenen binnentrok, toegejuicht door honderdduizenden Oostenrijkers die leuzen riepen als: '*Sieg Heil!*' en '*Weg met de joden!*'

Anna en haar moeder zaten in Nederland, ze waren op familiebezoek. In de krant lazen ze over de *Anschluss*: Oostenrijk was ingelijfd door Duitsland en de nazi's maakten er nu de dienst uit. Wekenlang twijfelde haar moeder of ze nog wel terug zouden gaan. Het was chaotisch in de stad, hoorde ze van kennissen in Wenen. Er waren arrestaties, de joden werden bespot en uit hun huizen en winkels gezet.

Na verloop van tijd leek het rustiger te worden en besloot haar moeder het erop te wagen. Ook Anna wilde graag terug, allereerst vanwege Karl, met wie ze, zonder dat haar moeder het wist, regelmatig de stad in ging. Bovendien was ze net op de *Kunstgewerbeschule* begonnen met modeltekenen. Ze had aanleg voor tekenen, als kind had ze niet anders gedaan. Wanneer haar moeder in Merano op theevisite ging – altijd bij saaie, oude mensen – zat zij urenlang in een hoekje te schetsen. Ze droomde ervan tekenares te worden.

In de zomer van 1938, toen Hitler de druk op Tsjechoslowakije opvoerde omdat hij Sudetenland bij het Duitse rijk wilde voegen, keerden Anna en haar moeder terug naar Wenen.

In de lome warmte van de namiddag zaten Karl en zij op een terrasje aan de Donau sigaretten te roken. Ze kusten elkaar in het Stadtpark of gingen naar de bioscoop en keken innig omstrengeld naar de film *Desire*, met Marlene Dietrich in de hoofdrol. In de stad wapperden overal vlaggen met hakenkruisen, maar over Hitler of de wereldpolitiek spraken ze niet.

'Het kan onder Hitler alleen maar beter gaan met Oostenrijk,' had Karl slechts gezegd, kort nadat ze was teruggekomen, en hij leek niet de enige Oostenrijker die er zo over dacht.

Anna kon Karl geen ongelijk geven. Ze zag steeds minder oorlogsinvaliden en bedelkinderen op straat en overal in de stad stonden bouwsteigers.

Op een avond nam Karl haar mee naar zijn kleine kamer in een pension in de Taubstummengasse. Ze gingen op de sofa zitten. Karl trok haar tegen zich aan. Ze was bang. Het was al een paar keer gebeurd dat zijn handen over haar lichaam waren gaan zwerven. 'Zullen we ergens een ijsje gaan eten?' vroeg ze dan plompverloren.

Karl fluisterde dat ze mooi was. Hij was een lieve jongen, dacht ze. Een lieve, zachte jongen. Daarna ging alles heel snel, veel te snel.

Ze had geen vriendinnen met wie ze erover kon praten. En haar moeder mocht van niets weten. In paniek belde ze daarom dokter Griffel, de joodse arts bij wie haar moeder vaak langsging. Een vriendelijke, nog tamelijk jonge man met een zijscheiding in zijn haar en flaporen.

'Wat is er, kind?' vroeg dokter Griffel.

'Er is iets gebeurd…'

'Wat dan, Anna?'

'Ik ben op een heel scherpe steen gaan zitten.'

'Een steen?'

'Ja, een puntige steen en nu…'

'Wat zijn je klachten, Anna?'

Ze mompelde iets over een onverwachte bloeding.

Dokter Griffel leek er niet van te schrikken. Als de klachten aanhielden, moest ze maar langskomen, zei hij.

Niets wist ze. Ook toen ze achttien was en allang een beha droeg, bleef ze voor haar moeder een meisje.

Kort daarna vluchtte dokter Griffel uit Wenen, net als een groot aantal andere joden.

In de zomer van 1939 wilde haar moeder plotseling ook weg. 'We gaan naar Boedapest,' zei ze op een ochtend tegen Anna. 'In Wenen wil ik niet langer blijven.'

Hitler had dat voorjaar Tsjechoslowakije bezet; overal in Europa namen de spanningen toe. In Boedapest woonden goede kennissen van haar moeder, de Hongaarse familie Szalay. 'Kom toch naar ons,' hadden die al een paar keer geschreven. 'Het leven is hier veel comfortabeler en ook zekerder dan in Wenen.'

Op 2 augustus 1939 stapten Anna en haar moeder op een Donauschip naar Boedapest. Wéér pakte Anna haar koffers en liet ze alles achter zich. Geprotesteerd had ze niet. Ze droomde alweer over Boedapest.

De laatste tijd was Karl steeds vaker over trouwen begonnen. 'Dat zou toch mooi zijn, als jij mijn vrouw was?' zei hij soms verlangend. Maar dan was Anna stil. Ze kon zich er niets bij voorstellen. Karl was een aardige jongen, ook al kwam hij, zoals haar moeder zei, uit een 'nogal eenvoudig' milieu. Maar haar mán? Een man bij wie ze altijd zou blijven, in dezelfde stad? Ze vond het maar een vreemde gedachte.

Misschien was het goed dat ze nu ging, dacht Anna. In elk geval voelde het vertrouwd. Het inpakken, het nog snel afscheid nemen van iedereen, de opwinding dat alles weer open lag.

Het was avond toen het Donauschip Boedapest binnenvoer. Anna stond op het dek en zag aan de rechterkant van de rivier de groene heuvels van Boeda opdoemen. Aan de linkerkant strekte Pest zich uit, met aan de oever het Parlementsgebouw. De oude burcht van Boeda, met het Koninklijk Paleis en de Matthiaskerk, was die avond verlicht. Toen ze aanmeerden, speelde een strijkje Hongaarse zigeunermuziek. Het was alsof ze in een sprookje terecht was gekomen.

Precies een maand na hun aankomst in Boedapest, op 1 september 1939, viel Hitler Polen binnen, verklaarden Groot-Brittannië en Frankrijk aan Duitsland de oorlog en werd Karl Hörbe als soldaat naar het oosten gestuurd. Hij schreef Anna vaak.

Biala Podlaska, Polen, 18 juni 1940
Lieve Anna!
Ik zit nu alweer veertien dagen in Biala en heb nog steeds geen bericht van je ontvangen. Ik kan me niet voorstellen wat er met je aan de hand is. Heeft je moeder misschien brieven onderschept en je verboden te antwoorden? Weet dat als ik een beetje tijd heb, en dat is vaak het geval, ik veel aan je denk, maar dan steeds met die kwellende onzekerheid en dat is om gek van te worden...

Anna beantwoordde zijn brieven zelden. Hij zou het vanzelf wel begrijpen, dacht ze.

[5]

Boedapest *1939-1942*

Het was een *blind date*. Een Hongaarse kennis van Anna, meneer Balogh, vertelde dat hij een collega had die graag beter Duits wilde leren spreken. Was het niet iets voor haar om hem bij te spijkeren?

Later hoorde ze van Géza hoe Balogh hem op de ontmoeting had voorbereid. Ja hoor, hij had een conversatiejuf voor hem gevonden, zei hij. En wat voor een. 'Ze is een Hollandse Greta Garbo.'

> *Een namiddag in het kleine koffiehuis. Een lang blond wezen, in een geruite mantel en blauwe rok en met stoffige schoenen. Daarna een klein kroegje. Ik was betoverd,*

schreef Géza later over hun eerste afspraak.

> *Het is acht jaar geleden, maar als ik er nu aan denk, lijkt het of het gisteren was.*

Anna was ook onder de indruk. Het was vol geweest in het koffiehuis toen ze binnenkwam. Géza zat in een hoek, hij las de krant. Toch had ze hem meteen gezien. Hij was zo'n man die de aandacht op zich vestigde, ook als hij niets deed of zei.

'Irányossy-Knoblauch Géza,' stelde hij zich voor; Hongaren noemden altijd eerst hun achternaam.

Géza was lang, nog langer dan de één meter tachtig die ze

zelf was, en hij had een 'goed gezicht', zoals haar moeder zou zeggen, waarmee zij dan bedoelde dat je kon zien dat iemand van keurige komaf was en niet dom. Strak achterovergekamd, donker haar, dat al wat begon te kalen bij de slapen, heldere, lichtbruine ogen en een smalle, korte neus. Zijn pak was met zorg uitgekozen, zijn schoenen glommen. Geroutineerd nam hij haar jas aan en schoof hij een stoel voor haar naar achteren.

Veel zei Anna niet die eerste keer. Dat hoefde ook niet. Géza praatte wel, zijn Duits was beter dan ze had gedacht. Hij werkte als secretaris van de burgemeester en had grote verhalen over zijn werk. Soms leek het wel of heel Boedapest van hém was, dacht Anna, en hij met één armgebaar kon bepalen waar nieuwe huizenblokken moesten worden neergezet of fraaie stadsparken aangelegd.

Terwijl ze naar hem luisterde, probeerde Anna in te schatten hoe oud Géza was. Tien jaar ouder dan zij, meer? Ze wist het niet. Hij zag er nog goed uit. Slank, gespierd. Elk weekeinde roeide hij op de Donau, had hij verteld, hoewel 'niet meer zo fanatiek als vroeger'. Achteloos had hij laten vallen dat hij in de jaren dertig vijf keer Hongaars kampioen was geweest.

Pas toen ze naar buiten liepen – Géza hield met een charmante grijns de deur voor haar open – realiseerde Anna zich dat ze al die tijd met hem had zitten flirten.

Het was september 1941 en het leek of haar leven in Hongarije pas nu, ruim twee jaar na de verhuizing uit Wenen, echt begonnen was.

Ook na de Duitse inval in Polen was het rustig gebleven in Boedapest, zoals haar moeder had gehoopt. Terwijl overal in Europa de oorlog om zich heen greep, wist Hongarije door politieke en militaire steun aan Hitler buiten de strijd te blijven. De koffiehuizen zaten vol, op de markten was aan niets gebrek en in de danstenten op het Margaretha-eiland in de

Donau werd net als anders tot diep in de nacht gefeest – Anna had het van horen zeggen, want zelf werd ze nog steeds om halftien door haar moeder naar bed gestuurd.

Aanvankelijk had Anna geen idee gehad wat ze in Boedapest moest doen. Ze zwierf met haar moeder van pension naar pension; ze wandelden samen door de stad en maakten nieuwe kennissen. In die zin was geld misschien geen zegen. Er was niemand die zei dat het tijd werd dat ze iets ging verdienen, zodat ze wel moest gaan nadenken over wie ze was en wat ze wilde.

Totdat ze op een dag bij mevrouw Perint kwam, de vrouw van hun joodse tandarts. Mevrouw Perint ontwierp damesmode. Al de eerste keer dat Anna in haar atelier was, wist ze: dát wilde ze ook leren. Ze was goed in tekenen en hield van mooie, liefst verleidelijke kleding – ongetwijfeld omdat haar moeder haar altijd nette, maar degelijke wollen breisels had laten dragen die bovenal 'de borst goed warm hielden'.

Het atelier van mevrouw Perint lag aan de Andrássy út in Pest, tegenover de opera. Op een dag vertelde mevrouw Perint dat in de opera een bekende kostuumontwerper werkte, Márk heette hij, en dat ze had gehoord dat deze man ook Nederlands sprak.

Anna ging er meteen op af. 'Ik heb een afspraak,' zei ze in haar beste Hongaars tegen de portier.

Ze was nog nooit in de opera van Boedapest geweest. Alles schitterde haar tegemoet, in donkerrood en goud en marmer. Na wat rondvragen vond ze Márk in zijn atelier. Een donkere man met een zacht gezicht. Ze stelde zich voor in het Nederlands. Hij reageerde verheugd: 'Ah, uit Holland!'

Márk vertelde dat hij als kind na de Eerste Wereldoorlog samen met zijn zus een paar maanden bij een familie in Deventer had gewoond om aan te sterken. 'Ze hebben ons elke dag havermout gegeven. En deventerkoek en roggebrood met spek!'

Ze lachten. Márk bood haar koffie aan.

'U moet de groeten hebben van mevrouw Perint,' vertelde

ze. 'Ik heb les in kledingontwerp van haar. Misschien kent u haar man ook wel. Hij is tandarts.'

'O ja, zo'n jood zeker,' zei Márk.

Anna keek er niet meer van op wanneer Hongaren neerbuigend spraken over hun joodse stadgenoten. In Boedapest, een stad met een kleine miljoen inwoners, was bijna een kwart van de bevolking joods. Onder hen vond je veel artsen, bankiers, fabrikanten en zakenlieden. Zelfs de meest beschaafde kennissen van haar moeder konden zomaar zeggen dat de joden 'te veel geld en te veel macht hadden'. Soms merkte Anna dat ze iets van die houding had overgenomen. Zo kwam ze niet graag in de joodse wijk in Pest – en niet alleen omdat ze er als blond christenmeisje vaak werd nagefloten.

Wat tekende ze zoal bij mevrouw Perint? wilde Márk weten.

'Damesmode. Maar eigenlijk ben ik meer geïnteresseerd in historische stijlen en theaterkostuums.'

Terwijl Anna door de opera dwaalde, had ze bedacht dat ze er graag wilde werken. Het was een impulsief idee geweest. Ze wist ook niet goed wat het zou inhouden. Maar de gedachte dat ze elke dag in het theater zou zijn, te midden van dansers, acteurs en musici, was aanlokkelijk genoeg.

In Wenen had ze ooit stiekem auditie gedaan voor de balletschool van de opera. Tijdens de lessen ritmische gymnastiek gooide ze haar benen steeds verder omhoog; ze droomde al over tutu's en applaus. In een hotel in de stad mochten de meisjes in de grote eetzaal om beurten voordansen. Ze droeg een wijde rok, danste op blote voeten en durfde de juryleden achter hun tafel recht in de ogen te kijken. Tot haar verbazing kwam ze door de selectie van de vooropleiding. Maar ze was toen nog geen achttien; ze kon geen contract tekenen. En bij haar moeder hoefde ze er niet mee aan te komen. Ze wist precies wat die zou zeggen: 'Ballerina worden is iets voor losgeslagen vrouwen, geen beroep voor een meisje van jouw stand.'

Nu kon ze misschien een baan achter de coulissen krijgen, als ze het slim aanpakte. Ze vroeg Márk hoe hij tot in detail wist wat mensen in het verleden droegen, hoe realistisch zijn ontwerpen waren, of het niet veel werk was, het uittekenen van zijn schetsen. Ze bleef vragen stellen.

'Nou, als je dat allemaal zo graag wilt weten, moet ik je ook maar les gaan geven,' lachte Márk. 'Wanneer kun je beginnen?'

'Vandaag,' zei ze.

Haar moeder kon het ook bijna niet geloven. Vanuit Rogaška Slatina, het Sloveense kuuroord waar ze in die dagen logeerde, schreef ze:

M'n lieve, lieve Anna, gisteren kreeg ik je brief en ik was het liefst gelijk naar je toe gekomen. Hoe is het mogelijk dat je deze mooie gelegenheid ten deel valt, waar zo velen naar snakken. Dus je bent nu elke dag in de Oper, ik kan het me eigenlijk nog niet indenken. Dat je talent hebt wist ik heus wel, en wat heerlijk voor je, dat je zo volop gelegenheid krijgt je verder te ontwikkelen. Ik vernam van een gast hier in het hotel dat de heer Márk zeer bekend is. Hoe oud is hij, en heeft hij een betrouwbaar gezicht? Anna, denk er vooral om dat als je op 't toneel moet tekenen je een manteltje om hebt, want geheisst wordt er 's middags meestal niet en tochten doet het achter de coulissen. Eet je genoeg, ben je half tien in bed en drink je elke dag je melk?

Tivadar Márk – Anna mocht hem Tivi noemen – liet haar boeken bestuderen over de rococotijd of de romantiek. Ze maakte oefenschetsen, leerde alles over het gebruik van kleuren, hielp Tivi's zuster Edit in het naaiatelier. Na een halfjaar tekende ze een balletkostuum waarover Tivi zo enthousiast was dat hij het gebruikte in een voorstelling.

Haar moeder had haar zelden meegenomen naar het theater of de opera. Maar nu mocht ze 's avonds soms met Tivi en zijn zuster Edit mee; na afloop klonken de melodieën nog lang na in haar hoofd.

44

Géza en zij spraken Duits met elkaar; veel meer hield de conversatieles niet in. Anna had vaak weinig zin om Géza te verbeteren. Meestal was het Géza zelf die informeerde of 'hij zich zo wel correct had uitgedrukt'.

Nadat ze elkaar een paar keer in een koffiehuis hadden ontmoet, stelde Géza voor om in het weekeinde samen in het bos te gaan wandelen, zodat ze 'wat langer met elkaar konden converseren'.

Anna merkte dat ze begon uit te zien naar de afspraken. Het vleide haar ook dat hij, een man die zoveel kon en zoveel wist, kennelijk geïnteresseerd was in háár. Ze was zeventien jaar jonger dan hij.

Géza was getrouwd. Hij deed daar niet geheimzinnig over. Al tijdens hun tweede ontmoeting had hij het verteld. Hij bracht het luchtig, als een mededeling, en zo had Anna er ook op gereageerd. 'O,' zei ze alleen. Verder hadden ze het er niet meer over gehad.

Op een heldere zondagmiddag in november namen ze samen het treintje dat tegen de Schwabenberg in Boeda opklom, tussen de villa's door, tot aan de bossen van Budakeszi.

'Het is beter dat we niet naar Normafa gaan,' zei Géza toen ze bij het eindstation uitstapten, vanwaar een weg verder de heuvel op liep. Normafa was een uitkijkpunt waar je uitzicht had over heel Boedapest. Vooral op zondagmiddag kwamen er veel wandelaars. Géza wilde er kennelijk niet met een jonge, buitenlandse vrouw gezien worden.

Ze namen een zijpad, al snel zagen ze niemand meer. Er was alleen het geluid van de wind, de geur van natte bladeren. Ze liepen langs de rand van de heuvel. Af en toe stonden ze stil om naar de stad te kijken, die ver beneden hen lag. Vanaf hier kon je goed zien hoe de Donau Boedapest in tweeën sneed: aan de ene kant de stille groene heuvels van Boeda met z'n oude ommuurde burcht, aan de andere kant het vlakke, uitgestrekte

Pest, waar zich de modernere binnenstad bevond met z'n drukke boulevards, winkels, cafés, musea en theaters.

Er was een bankje, een nat bankje. Géza spreidde zijn jas voor haar uit. Natuurlijk kuste hij haar.

Als uitgelaten kinderen liepen ze daarna door het bos.

'Wat loop jij eigenlijk raar,' zei Anna tegen Géza. 'Je schopt je voeten zo vreemd vooruit.'

'Hoezo?' vroeg Géza een beetje geprikkeld. Hij was nogal ijdel, dat had ze al wel gemerkt. Zijn boord was altijd tot op de millimeter nauwkeurig gesteven.

'Nou, gewoon. Alsof je platvoeten hebt.'

'Ik heb geen platvoeten.'

'Wel hoor, Platti.'

Ze deed op een overdreven manier voor hoe hij liep en holde toen weg. Géza rende hard achter haar aan.

Misschien vond hij het zelf ook merkwaardig. Géza was jurist. Hij wist veel van de Hongaarse geschiedenis en had alle klassieken gelezen. Bijna veertig was hij inmiddels, een man met aanzien en een goede positie. En nu liep hij hier met een jonge vrouw door het bos te rennen die hem uitmaakte voor 'Platti'.

Na de wandeling aten ze nog wat in Obuda, een oude wijk van Boeda met veel eethuisjes. Ze dronken wijn. Géza fluisterde iets in haar oor; zelden was ze zo vrolijk geweest.

Haar vriendin Mechtild vond het maar niks dat ze iets met Géza had. Een getrouwde man die een affaire begon: die kon niet deugen, vond ze. Mechtild wist altijd heel goed wat deugde en wat niet, al kon ze op het gebied van de liefde waarschijnlijk geen expert worden genoemd.

Anna had Mechtild ontmoet via een gemeenschappelijke kennis en was goed bevriend met haar geraakt, hoewel ze op het eerste gezicht weinig met elkaar gemeen hadden. Mechtild

Saternus was van Pools-Duits-Oostenrijkse familie en kwam uit een intellectueel milieu. Haar opa was de bekende schrijver Leopold von Sacher-Masoch, naar wie het begrip 'masochisme' werd vernoemd omdat hij in zijn romans openhartig schreef over seksuele onderwerping. Moeder Saternus, de dochter van Sacher-Masoch, was ook schrijver, al leek ze weinig op te hebben met de pikante boeken van haar vader, waarover in de familie nauwelijks gesproken werd. '*Unterhaltungsliteratur*' noemde Mechtild de boeken die haar moeder in hoog tempo publiceerde – Anna sprak liever over 'flutromannetjes'. Vader Saternus was correspondent voor een aantal Zwitserse kranten. Omdat haar ouders hard moesten werken om genoeg te verdienen, had Mechtild, die enig kind was, tijdelijk de huishouding op zich genomen, maar het was de bedoeling dat ze in betere tijden naar de universiteit zou gaan. Mechtild las veel en had iets schooljuffigs, vond Anna, met haar lange vlechten die ze samenbond op haar hoofd en haar onafscheidelijke knijpbrilletje. Anna wist zeker dat ze nog nooit een man had gekust.

De Saternussen woonden in een bescheiden appartement in de Labanc utca aan de rand van Boeda. Tegen elke wand stond een boekenkast en overal slingerden kranten rond. Mechtild was erg hartelijk en nodigde Anna vaak uit voor het eten. Aan tafel werden dan lange discussies gevoerd, zowel Mechtild als haar ouders waren fervente praters. Anna vond het prettig naar hun verhalen te luisteren; ze kon er nog wat van opsteken. Steeds vaker begon ze haar gebrek aan scholing als een gemis te ervaren. Ze ging daarom graag om met mensen die meer wisten dan zijzelf – al bracht zulk gezelschap haar soms ook in verlegenheid. 'O ja, daar heb ik van gehoord,' zei ze wanneer ze haar onwetendheid wilde maskeren, 'maar hoe zat het ook alweer precies?' Na het eten speelde Mechtild piano, of luisterden ze samen naar de radio. Meneer Saternus trok zich dan meestal terug om de krant te lezen. Als het laat werd, mocht ze altijd blijven slapen.

Anna kende die huiselijkheid niet, het familieleven waarin

iedereen zijn eigen gang ging, maar waarin je toch een hechte verbondenheid voelde. Ze vond het prettig, merkte ze, om daar deel van uit te maken. Bij de familie Saternus vond ze een tweede thuis – al bleef het de vraag waaruit haar eerste thuis dan eigenlijk bestond.

Over zichzelf vertelde Anna weinig wanneer ze bij de familie Saternus op bezoek was, hoewel ze het nooit kon nalaten de brave, wat teruggetrokken familie te verbazen met hilarische anekdotes over de opera of haar kennissenkring. Maar wat had ze, bijvoorbeeld, toe te voegen aan de discussies die aan tafel werden gevoerd over literatuur of de oorlog? Meneer Saternus had in de jaren dertig als journalist in Duitsland gewerkt, maar was naar Zwitserland gevlucht toen het werk hem door de nazi's onmogelijk werd gemaakt. Hij was bepaald geen aanhanger van Hitler. Ze hoorde bij de familie Saternus aan tafel weer heel andere dingen dan bij Karl Hörbe en zijn ouders.

Ook over Géza sprak ze niet. Mechtild had hem één keer gezien en vond hem meteen 'erg onsympathiek'. Er was niemand met wie Anna over Géza kon praten. Alles aan hun verhouding was heimelijk en alleen zelf wist ze dat ze nog nooit zo verliefd was geweest.

Meestal spraken ze in de vroege avond af in een onbeduidend eettentje in Pest, waar Géza zo min mogelijk kans liep bekenden tegen te komen. Hij bestelde dan een goulash voor haar en hield het zelf bij een glas wijn en een stuk brood, omdat hij zijn eetlust moest bewaren voor thuis.

Het liefst ging Géza naar een restaurant waar Hongaarse zigeunermuziek werd gespeeld. Hij kende alle nummers uit zijn hoofd. Soms stonden de tranen in zijn ogen wanneer hij de woorden zacht meezong, zo dicht mogelijk bij haar oor.

Anders dan zij liet Géza zich gemakkelijk meevoeren door emoties. Ook als het over politiek ging, werd hij altijd fel. Géza kwam uit Nagyvárad, in Transsylvanië. Na de Eerste Wereldoorlog, die de toenmalige Hongaars-Oostenrijkse dubbelmonarchie had verloren, was dit gebied door de geallieerden aan Roemenië gegeven. Géza's familie was daarna alles kwijtgeraakt. Net als veel andere Hongaren kon hij nog steeds kwaad worden als hij sprak over het 'grote onrecht' dat Hongarije na de oorlog door de westerse mogendheden was aangedaan. 'Wist je dat we toen twee derde van ons grondgebied hebben verloren?' kon hij tegen Anna uitroepen. 'Stel je voor. Twee derde!'

Géza's vader was artillerieofficier geweest in het leger van de dubbelmonarchie. Hij was al overleden toen de familie in 1920 – Géza was zeventien – uit Nagyvárad naar Boedapest moest verhuizen. Géza's moeder had keihard gewerkt om haar zoon te laten slagen. Hij kon rechten studeren en ging roeien bij een elitaire club op het Margaretha-eiland. Maar de wrok over het verleden bleef. Om die reden was Géza ook niet tegen de Hongaarse steun aan de Duitsers. Net als de Hongaarse rijksregent, admiraal Horthy, geloofde hij dat Hongarije alleen door collaboratie met Hitler zijn vroegere gebieden terug kon krijgen. Bovendien was Géza fel tegen het communisme. Hij was er trots op dat de Hongaren nu samen met de Duitsers aan het Oostfront vochten tegen de bolsjewieken.

Anna wist nooit goed wat ze moest zeggen als Géza tijdens hun etentjes zo bevlogen sprak over politiek. Hoewel Géza's familie oorspronkelijk uit Beieren kwam, voelde hij zich een 'echte Hongaar', zo liet hij niet na te zeggen, die 'alleen het allerbeste' wilde voor zijn land. Zelf kende ze die vaderlandsliefde niet. Ze had zich nog nooit verbonden gevoeld met een land of streek, zelfs niet met een buurt of huis.

Meestal zei ze zoiets als 'ik begrijp het', om ervan af te zijn. Wanneer Géza voelde dat ze weinig animo kon opbrengen voor het gesprek, verontschuldigde hij zich. Wilde ze nog een dessert? vroeg hij dan, attent en zorgzaam als hij was. Zat ze wel lekker, had ze het niet koud? Hoe was het eigenlijk in de opera geweest?

'Mijn lieve kleine,' noemde hij haar.

Totdat het laat werd, hij plotseling op zijn horloge keek en zei dat hij nu – sorry! – echt moest gaan. Gehaast rekende hij af en liet hij zijn jas brengen. Op straat konden ze elkaar niet omhelzen.

Soms nam Géza vrienden mee. Wanneer er sneeuw lag, gingen ze samen sleeën bij Budakeszi. Joelend kwamen ze van de heuvel naar beneden; Géza zat achter haar en hield haar stevig vast.

Natuurlijk zéi Géza niet dat ze zijn vriendin was. Maar zijn vrienden begrepen het wel en niemand leek het vreemd of onbehoorlijk te vinden.

Wie er ook van wist, was de rijke vriend die een groot appartement had in Pest. Géza mocht daar zo nu en dan gebruik van maken. Eén keer had Anna de vriend ontmoet in de gang van het complex. Hij stond hen toen op te wachten, benieuwd aan wie hij zijn warme plekje afstond.

Ze gingen zo vaak mogelijk naar het appartement van de rijke vriend. Géza nam wijn, brood en kaas mee en ze picknickten op het kleed voor de open haard. Bang was Anna niet meer. Ook van vrouwen wist Géza alles en hij had haar verzekerd dat er niets mis kon gaan; hij wist echt wel hoe hij een en ander kon verhoeden.

Haar moeder kwam erachter. Een Hollandse kennis had het 'gerucht' doorgeroddeld. Razend was ze geweest. Hoe kon Anna! Met een getrouwde man nog wel! Dacht ze wel aan haar reputatie?

Anna had eerst alles ontkend. Maar haar moeder vertrouwde het niet en ging al haar gangen na. Ze stuurde zelfs meneer Walter, een Hongaarse kennis die privédetective was, op haar af. Nog beter controleerde ze Anna's lades en agenda. Er was steeds vaker ruzie.

Eenentwintig was Anna nu en nog altijd deelde ze een kamer met haar moeder, er was op geen enkele manier ruimte voor haarzelf. Het beklemde haar, maar hoe ze aan die beklemming kon ontsnappen wist ze niet; ze kon toch moeilijk weglopen van de enige die ze had.

Géza vond het vreemd dat ze met haar moeder in pensions woonde. 'Waarom huren jullie geen huis?' vroeg hij wel eens. Anna probeerde dan uit te leggen dat ze altijd zo hadden geleefd; haar moeder wilde geen eigen woning omdat ze veel reisde en gewend was aan personeel.

'Ga dan in elk geval in een goed hotel wonen,' zei Géza op een dag. Hij vertelde dat hij wel iets voor hen kon regelen in Hotel Gellért, dat eigendom was van de stad Boedapest.

Dat was typisch Géza. Altijd kon hij wel iets 'regelen'. Hij kende iedereen en wist handig gebruik te maken van zijn charme en connecties.

Anna wilde graag. Het Gellért lag pal naast de Donau en was het mooiste hotel van de stad. Ze had er met haar moeder wel eens koffie gedronken. Een toonzaal van jugendstil was het. Je had er thermale baden (met vloeren van mozaïek), een zwembad (met een koepeldak van geel gekleurd glas) en een enorme ronde ontvangsthal (met dikke marmeren zuilen). Haar moeder zou er brieven kunnen schrijven in de leeskamer of de damessalon; ze zouden in alle opzichten meer mogelijkheden hebben.

Ze bracht het heel omzichtig. Een 'Hongaarse kennis' had aangeboden dat hij een kamer voor hen kon regelen in het Gellért, zei ze tegen haar moeder; geen goedkoop hotel, maar via die kennis konden ze een 'behoorlijke korting' krijgen.

Haar moeder had vast door dat het om Géza moest gaan. Maar ze zei er niets over. Ze kreeg niet elke dag de kans voor een prikkie in het Gellért te gaan wonen.

Nog net voor Kerstmis 1941 verhuisden ze. Ze logeerden in een ruime kamer aan de zijkant, met uitzicht op de Gellértberg. Al snel hadden ze een eigen tafel in het restaurant.

Anna vond het prettig dat ze 's ochtends in het hotel kon

zwemmen. Soms ging ze naar het thermale bad, waar dikke Hongaarse vrouwen als logge vissen in het water dreven. Maar verder veranderde er eigenlijk weinig. Nog steeds stuurde haar moeder haar om halftien naar bed. Ze zat vast, ze kon er niet uit; het was alleen een mooiere kooi.

Over zijn vrouw vertelde Géza weinig. Hij zei alleen dat ze 'niets meer met elkaar hadden'. Zelfs het bed deelden ze niet meer, zwoer hij.

Ze was dan ook verbijsterd toen hij het uiteindelijk opbiechtte. Het was in januari 1942. Ze lagen voor de open haard in het appartement van de rijke vriend en dronken cognac.

'Ik moet je nog iets zeggen,' zei hij. 'Mijn vrouw krijgt een kind.'

Het zou al een paar weken later komen.

Razend was ze weggelopen; de deur sloeg ze hard achter zich dicht. Ze voelde zich verraden. Al toen Géza haar voor het eerst had ontmoet, was zijn vrouw zwanger geweest en nooit had hij iets gezegd. Het was niet zo dat hij haar beloftes had gedaan. 'Er komt wel een oplossing,' zei hij alleen. Ze had daarin willen geloven. Maar nu kwam er een kind, en dat maakte de 'oplossing' een stuk ingewikkelder.

Wekenlang ontliep ze Géza. Ze wilde niks meer met hem te maken hebben. 'Zeg maar dat ik er niet ben,' zei ze tegen de portier van de opera als Géza zich meldde bij de deur. Maar zo gemakkelijk gaf hij het niet op. Hij stuurde briefjes. Hij wachtte haar op. Het speet hem, zei hij.

Het lukte haar niet met hem te breken. Ze kon hem niet weerstaan. Ze wilde met hem in een restaurant zitten en naar zigeunermuziek luisteren, ze wilde dat hij helemaal van haar zou zijn.

Twee maanden daarna, in maart 1942, vertelde haar moeder dat ze terug moesten naar Nederland omdat ze door de Devisensperre geen geld meer kregen overgemaakt.

Anna had tot dan toe nauwelijks gedacht aan de oorlog. Misschien had ze ergens gelezen dat de Japanners op 7 december 1941 Pearl Harbor hadden aangevallen en dat het Europese conflict was uitgegroeid tot een Wereldoorlog. Maar als dat al zo was, had het nieuws vast weinig indruk op haar gemaakt. Zij voerde haar eigen strijd, met Géza, met haar moeder, met zichzelf.

'Kom je bij me terug?' vroeg Géza toen ze vertelde dat ze met haar moeder naar Nederland ging.

'Ik zal wel zien,' had ze geantwoord.

TWEEDE DEEL

[6]

Pauler utca *1942-1943*

Op het laatst was ze elk gevoel voor tijd verloren. Ze stond in het gangpad van de trein die haar naar Boedapest bracht, rookte sigaretten en staarde door het half geopende raam in de zwarte nacht. Een koele wind waaide naar binnen. In de overvolle coupés lagen mensen tegen elkaar aan te slapen; soldaten hingen onderuit op hun zware rugzakken. Zelf voelde ze geen vermoeidheid. Elk volgend station bracht haar dichter bij Géza.

'De geallieerden bombarderen Duitsland!' had haar moeder gewaarschuwd. Maar de trein reed zonder oponthoud voort.

'Geen vijandelijke vluchten in het Rijksgebied,' noteerde de naziminister Joseph Goebbels dat weekeinde in zijn dagboek.

Na een overstap in Wenen kwam Anna op zondagmiddag 14 juni 1942 aan in Boedapest. Er stond niemand op haar te wachten op het perron.

Ze had Géza nooit teruggeschreven terwijl ze met haar moeder in Bussum zat, hoe vaak hij daar ook om vroeg.

Boedapest, 19 mei 1942
Lieve kleine Anna, vandaag ben je al drie weken weg en ik heb nog steeds niets van je gehoord. Ik begrijp niet wat er aan de hand is. Je kunt je niet voorstellen hoezeer ik uitzie naar een brief van je. Ik heb al zeven keer geschreven – maar geen

antwoord. Ik geloof dat je je oude 'Platti' al bent vergeten. Ik wens je het allerbeste en hoop op een spoedig weerzien. Veel handkussen van Platti.

Ze was geen goede brievenschrijfster. Maar dat was niet de enige reden dat ze niet schreef. Laat Géza maar wachten, had ze gedacht. Misschien zou de stilte zijn verlangen aanwakkeren, haar kansen vergroten.

Een dag na aankomst in Boedapest belde ze Géza op zijn kantoor.

'Hallo, met Anna,' zei ze, alsof ze hem gisteren nog had gezien.

Géza was verbijsterd. Nog dezelfde middag spraken ze af in een klein café in de buurt van het stadhuis aan de Városház utca in Pest.

Ze kwam te vroeg. Ze zat aan een tafeltje en keek gespannen naar de deur. Daar was hij, Géza. Hij droeg een lange lichte regenjas en een hoed, grijnsde zijn grote grijns en gaf haar een handkus. Ze was blij hem te zien, al wilde ze dat niet te veel laten merken. Ze vertelde gauw dat ze haar werk bij de opera zo had gemist. Géza moest niet denken dat ze alleen voor hem was teruggekomen.

'Ik dacht dat ik nooit meer wat van je zou horen,' zei Géza.

'Heb je mijn brieven dan niet gehad?'

'Brieven?'

'Ja, ik heb je een paar keer geschreven,' zei ze zonder met haar ogen te knipperen.

'Ik heb niets ontvangen.'

'Wat raar. Dan is het zeker mis gegaan bij de posterijen.'

'Wat had je dan geschreven?'

'Dát kan ik niet herhalen…'

Ze lachten. Anna merkte dat Géza haar wilde aanraken, maar niet durfde. Steeds keek hij snel om zich heen om er zeker van te zijn dat er geen bekenden in het café zaten. Hij vroeg haar hoe het in Holland was geweest. Ze vond het moeilijk er iets over te zeggen. Hoe kon ze Géza uitleggen dat haar familie de Duitsers 'moffen' noemde?

Na de tweede koffie begon Géza steeds vaker op zijn horloge te kijken. 'Het spijt me,' zei hij toen, 'maar...'

'Maar wat?'

'Ik moet naar huis.'

Even was het stil, maar hij kon het toch niet voor zich houden. 'De baby. Mijn dochter, Katalin. Ze lacht veel en...'

Anna zei niets.

'Wanneer zie ik je weer?' vroeg hij. 'Mag ik je bellen bij je vriendin?'

Ze logeerde bij de familie Saternus, waar ze als een verloren dochter was binnengehaald.

'Liever niet,' zei ze. 'Ik laat wel weer van me horen. Ik heb het druk.'

In die zomer van 1942 gingen ze soms samen roeien. Géza kende een eilandje in de Donau waar bijna nooit iemand kwam. Er was ook een strandje. Urenlang lagen ze daar, alsof alleen zij bestonden. Anna had zich niet eerder met iemand zo verbonden gevoeld. Ze was ongedurig, meestal wilde ze al snel weer weg, van een plek, van mensen. Maar bij Géza wilde ze wel altijd blijven.

Op een dag gaf Géza haar zijden kousen. Ze droeg altijd wollen. Maar dat vond Géza kinderachtig. 'Je bent toch geen meisje meer,' zei hij. 'Kijk nu eens in de spiegel.' De kousen pasten precies. Ze maakten haar benen zacht en lang, en als ze liep, voelde ze de voering van haar rok langs haar dijen strijken.

Alles leek weer net zo te zijn als voor haar vertrek naar Holland. Ze luisterden in restaurants naar zigeunermuziek, de rijke vriend stelde zijn appartement beschikbaar. Toch was er iets veranderd, ontdekte Anna die zomer. Misschien kwam het door het kind, dat kleine babymeisje dat haar vader al meer in haar greep leek te hebben dan een geliefde ooit zou kunnen. 'Ze heeft zulke prachtige helgroene ogen,' vertelde Géza over zijn Katalin. Hij noemde haar liefkozend 'Cica', dat in het Hongaars 'katje' betekent. Steeds vaker wilde hij op zondagen niets afspreken met Anna.

❧

Hoe gastvrij ze ook werd ontvangen bij Mechtild, de familie Walter en andere kennissen in Boedapest, soms verlangde Anna naar een plek voor zich alleen. Heel haar leven was ze te gast geweest, in pensions, hotels, bij familie en vrienden. Nu wilde ze wel eens thuis komen bij zichzelf.

Begin jaren veertig was oom Jacques, bij wie Anna als kind wel eens logeerde in Overveen, naar Boedapest verhuisd. Jacques Osieck had jarenlang goede zaken gedaan met het Amsterdamse meel- en moutimportbedrijf van zijn vader, maar was tijdens de crisisjaren zijn hele vermogen verloren. Nadat hij ook nog eens van zijn vrouw was gescheiden, reisde hij zijn lievelingszuster Annie achterna naar Hongarije, in de hoop daar tot rust te komen.

Anna ging vaak bij oom Jacques op bezoek. Het ging niet goed met hem. Hij woonde met zijn tweede vrouw, de Oostenrijkse 'tante Gondy', in een eenvoudig pension in Boeda. Er waren dagen dat hij niets te eten had. Anna hielp waar ze kon en ook Géza trok zich het lot van haar familie aan; hij liet regelmatig door een gemeentebode levensmiddelen bezorgen.

In december 1942 kreeg oom Jacques een zware hartaanval, die hij niet overleefde. Hij werd begraven in Boedapest. Tante Gondy keerde daarop terug naar haar familie in Oostenrijk. De kamer in de Pauler utca kwam vrij.

'Is het niet iets voor jou?' vroeg tante Gondy.

Anna aarzelde geen moment.

Nog lang herinnerde ze zich de dag waarop ze de sleutel kreeg. Ze stapte de kamer binnen met haar zware koffer, ging op een stoel zitten en keek om zich heen. Het was misschien een bescheiden kamer. Maar alles stond erin. Een bed, een tafel met twee stoelen, een lamp. In een nis in de muur bevond zich een diepe inbouwkast waarin met gemak twee mensen konden staan. Het raam bood uitzicht op een binnenplaats en een nu kale boom. Het was er stil. Het was er prettig. Anna stak een sigaret op en inhaleerde diep. Ze voelde hoe moe ze was en al snel viel ze op haar nieuwe bed in slaap.

Anna was gewaarschuwd. 'Ik blijf hier *unbedingt* niet alleen,' had haar moeder in Bussum gezegd. Via de Duitse contacten van Anna in Hilversum was ook zij uiteindelijk aan een uitreis-visum gekomen. In januari 1943, nog geen halfjaar na Anna's vertrek, kwam haar moeder aan in Wenen, waar ze op kamers ging wonen. Maar daar strandde haar reis. Anders dan Anna, die via Géza de juiste papieren had gekregen, lukte het haar niet aan een inreisvisum voor Hongarije te komen.

Bijna dagelijks stuurde haar moeder Anna kaartjes en ook Géza, van wie ze tot dan toe niets had willen weten, werd op het stadhuis met brieven bestookt.

Ik heb Knoblauch al per expres geschreven of hij er zo gauw mogelijk werk van maakt dat ik de Einreise papieren krijg, zoals ik je gisteren al op een kaart schreef. Op de naam van Frau A. Boom-Osieck. Nummer 129. Als ik het niet krijg, zie ik je niet meer, want hier kan en mag ik ook niet zo veel langer blijven. Dus maken jullie er zo gauw mogelijk werk van dat het binnen twee weken hier is. Ik verlang wel niet zo naar Boedapest, maar wel een beetje met een 't' naar jou, als je maar voorzichtig met mijn gezondheid bent want dat is erg nodig.

Anna wist niet goed wat ze met haar moeder aan moest. Ze zag ertegen op haar kamer in de Pauler utca met haar te delen, net nu ze eindelijk haar vrijheid had.

Met wie ga je om? Pas alsjeblieft op, want je hebt een zwak karakter. Heb je zoveel tijd dat je elke dag kunt skiën, en wat is dat wat je schreef aangaande tien dagen in de bergen, van wie gaat dat uit, wat kost dat, en welke aantrekkelijke Hongaren zijn daar bij? En je rookt zeker veel? En was je nog bij professor Rozenthal en heb je die pillen wel genomen?

Ook wist ze niet hoe ze het financieel moest oplossen, nu haar moeder geen inkomsten had. Zelf kon ze in Boedapest maar net rondkomen. Omdat haar werk in de opera niets opbracht, had ze een baantje voor halve dagen aangenomen als secretaresse van de joodse meneer Albrecht, die een bedrijf had in machineonderdelen. Ze had een typecursus gevolgd en kon zich aardig redden in het stampvolle kantoortje van meneer Albrecht – hij klaagde althans niet over spelfouten of andere missers. Maar van haar bescheiden salaris kon ze onmogelijk ook haar moeder onderhouden.

Meestal schreef ze haar moeder 'dat ze ermee bezig waren en dat het erg moeilijk was om aan de juiste papieren te komen'. Met Géza sprak ze er echter nauwelijks over. Géza was te beleefd om het te zeggen, maar het was wel duidelijk dat ook hij weinig zin had in de komst van haar moeder, zeker nu hij sinds kort een sleutel had van de Pauler utca en kon binnenvallen wanneer hij daar zin in had.

Bijna een jaar hield haar moeder het vol. Ze ging in alle vroegte naar het station in Wenen om brieven en pakjes voor haar dochter af te geven aan reizigers die naar Boedapest gingen. Ze liep alle instanties af. Ze schreef en smeekte en deed meer dan eens een beroep op Anna's medelijden.

Ik heb altijd alles voor je gedaan. En wat heb ik nu? Laat ik er

maar over ophouden, voordat het me weer verdrietig maakt.
Je schrijft me ook zo weinig. Wat is de reden? Ach, je bent me
zeker zo ontwend, dat je het niet erg vindt dat je me zo lang
niet ziet.

Anna gaf geen sjoege. 'Mams, u hebt geen idee wat voor een rotzooi het hier is met de papieren, we doen echt ons best.'

Soms voelde ze zich schuldig, even, maar dan hield ze zichzelf voor dat haar moeder beter af was in Wenen, waar de ouders van Karl Hörbe zich over haar hadden ontfermd, dan bij haar in Boedapest.

In november 1943 gaf haar moeder het op. Ze reisde met de trein via Berlijn terug naar Nederland, waar ze haar intrek nam in een pension aan de De Lairessestraat in Amsterdam-Zuid.

Over teruggaan naar Boedapest repte ze niet meer. Wel schreef ze vaak met weemoed over hun 'Meran'.

Na de oorlog gaan we samen naar het Zuiden, kind.

In het grauwe Amsterdam koesterde zij 'Meran' als een droombeeld. Het was de enige plaats waar ze echt samen was geweest met haar dochter.

Misschien zocht haar vriendin Dóra Gratz iemand om voor te zorgen, nu zij met haar moederliefde geen kant op kon. Of ging zij met al haar vriendinnen zo innig om? Anna werd er soms verlegen van. Ze was niet gewend aan intimiteit in vriendschappen, een bijna familiaire vertrouwelijkheid zoals ze die alleen enigszins met haar moeder had ervaren. Maar de Hongaarse Dóra, die zeven jaar ouder was dan zij, noemde haar 'mijn kleine zusje' en stapte zonder kloppen de badkamer binnen.

Ze hadden elkaar via Mechtild ontmoet in het najaar van

1943. Anna was meteen onder de indruk geweest van Dóra's kordate persoonlijkheid. Anders dan zijzelf leek Dóra over alles een uitgesproken mening te hebben. Ze had economie gestudeerd, wist veel, was rationeel en ging altijd recht op haar doel af. Anna vond dat ze iets mannelijks had, ook uiterlijk. Aan make-up of ander getut deed Dóra niet. 's Morgens kamde ze haar halflange, donkere haar in een zijscheiding plat over haar hoofd, ze zette een bril op haar stevige neus en klaar was ze. Het zou niet in haar opkomen haar zware wenkbrauwen te epileren.

Waarschijnlijk hadden ook de omstandigheden Dóra onafhankelijk gemaakt, zelfstandiger dan veel andere vrouwen in haar tijd. Tijdens de oorlog was ze gescheiden van haar man, de Oostenrijkse ingenieur Karl Lohberger, met wie ze in Leibnitz woonde. Dóra werd door haar man vaak bedrogen. Bovendien ontpopte hij zich tot een enthousiast nazi, terwijl Dóra juist fel tegen Hitler was. Bij de scheiding, in 1942, was Dóra haar vier kinderen kwijtgeraakt. Ze werden door een Weense rechtbank aan Lohberger toegewezen omdat ze anders 'niet volgens de nationaalsocialistische principes' zouden worden opgevoed. Sinds die tijd had Dóra niets meer over haar kinderen gehoord, een jongenstweeling van toen vijf jaar oud, een meisje van vier en een meisje van twee jaar.

Met Anna sprak Dóra niet vaak over haar Helmut, Wolfgang, Hedwig en Erika. Maar dat ze hen erg miste en gekweld werd door onzekerheid over hun lot, was wel duidelijk. Op een avond, toen ze samen zaten te lezen, vertelde Dóra dat ze haar kinderen na de scheiding nog één keer had gezien. Ze praatte er nuchter over. Ze hield het kort. Maar het verhaal had Anna geraakt.

Na de verloren rechtszaak over haar kinderen kreeg Dóra in Wenen problemen met de Gestapo. Ze raakte haar paspoort kwijt en vluchtte naar vrienden in het Tsjechische Sudetenland, dat bij het 'Rijk' hoorde; ze durfde het niet aan zonder papieren de grens met Hongarije over te steken. Terwijl ze in

Kralupp verbleef, hoorde ze dat haar kinderen bij haar ouders in Boedapest op bezoek zouden gaan. Haar ex-man Karl had dat voor één keer goed gevonden. Na het bezoek zouden de kinderen door Karl worden opgehaald van het station in het Oostenrijkse Graz.

Dóra besloot toen naar het station te gaan, in de hoop een glimp van haar kinderen op te vangen. De reis naar Graz kostte haar een dag en een nacht. De trein was overvol. Maar dat kon haar niet schelen. Ze moest en zou haar vier kinderen zien.

Op het station vond ze de tweeling en de meisjes. Dat wil zeggen, Dóra zag ze uit de trein stappen en op het perron staan. Ze wilde zwaaien, ze wilde naar hen toe rennen, ze wilde hen omhelzen en niet meer loslaten. Maar toen zag Karl haar. Hij kwam op haar af. Hij dreigde, zei dat ze geen stap dichterbij mocht komen. Nog één keer keek ze naar haar kinderen. Toen draaide ze zich om en liep weg.

De terugreis duurde weer een dag en een nacht. De trein was nu zo vol dat ze urenlang op één voet moest staan; voor de andere was eenvoudigweg geen plaats. Maar ze had tenminste haar kinderen gezien, vertelde Dóra Anna. Ze waren goed gekleed en zagen er goed uit en dat had haar een beetje gerustgesteld.

Uiteindelijk had Dóra een paspoort weten te bemachtigen en was ze teruggegaan naar haar ouders, die in een grote villa aan de Marczibányi tér woonden, bij de Rozenheuvel in Boeda.

Anna kwam graag bij de familie Gratz thuis. De vader van Dóra, Gustav Gratz, was een vooraanstaand man in Hongarije; hij was onder meer gezant in Wenen geweest en minister van Buitenlandse Zaken. In de villa kwamen vaak politici en zakenmannen over de vloer, die na het eten met Gratz in de bibliotheek sigaren rookten en praatten over de wereldpolitiek. Gustav Gratz, ooit een vertrouweling van de laatste Habsburgse keizer Karel I van Oostenrijk, zat in het parlement voor een kleine, conservatief-liberale partij. Hij had een hekel aan de nazi's. 'De samenwerking van onze rijksregent Horthy met Hitler wordt een catastrofe!' kon Anna hem aan tafel horen uitroepen.

Het avondeten verliep bij de familie Gratz volgens een vast ritueel. Het gezin en de eventuele gasten stelden zich op rond de lange tafel in de eetkamer en wachtten tot mevrouw Gratz binnenkwam. Mevrouw Gratz woog zeker honderd kilo en schuifelde meer dan dat ze liep; als ze eenmaal zat, slaakte ze altijd een diepe zucht. Pas op dat moment mochten ook de anderen gaan zitten. En alleen wanneer mevrouw Gratz haar eerste hap had genomen, kon de rest beginnen met eten. Het personeel liep intussen af en aan met porseleinen schalen.

's Avonds zaten Anna en Dóra vaak te lezen in de damessalon van '*mamuka*', zoals Dóra haar moeder noemde, of gingen ze een eind wandelen met de honden. Dóra had twee zussen, maar de ene was getrouwd met een Oostenrijker en woonde in Wenen, en met de andere had ze geen goed contact. Misschien ging Dóra ook daarom zo graag met Anna om en noemde zij haar 'mijn zusje'.

Ook bij de familie Gratz voelde Anna zich thuis. In de villa heerste een vanzelfsprekende, prettige ordelijkheid, al was het maar omdat de gong voor het eten steeds op een vast tijdstip luidde en de bedden elke dag op dezelfde manier door het dienstmeisje werden opgemaakt. Soms hoorde Anna zichzelf ook zomaar 'hé zus' zeggen tegen Dóra, al klonk dat uit haar mond nog wat onwennig, alsof ze zich niet kon voorstellen dat ze werkelijk ergens bij hoorde.

Hoewel Anna blij was een eigen kamer te hebben, zat ze er niet graag lang alleen. Meestal was ze de hele dag weg en kwam ze pas laat weer thuis. 's Ochtends werkte ze bij meneer Albrecht, 's middags was ze in de opera of zag ze vrienden. 's Avonds ging ze bij iemand eten of ze ontmoette Géza in een restaurant. 'Laten we daar maar afspreken, anders eet je weer niks,'

zei Géza dan. Voor zichzelf koken deed ze nooit; ze had geen idee hoe dat moest.

Maar deze avond waren er geen afspraken. Ze had een stuk brood met salami gegeten. Daarna had ze haar kousen uitgewassen en geprobeerd een Hongaarse krant te lezen. Nu wist ze niet meer wat ze moest doen. Buiten was het koud en donker. Het was december 1943.

Zoals vaker wanneer ze in haar eentje thuis zat, werd ze onrustig. Ze was van kinds af aan gewend steeds onderweg te zijn, mensen om zich heen te hebben, in treinen, eetzalen en hotellobby's. Als ze alleen was, vloog de stilte haar al snel aan. Het piekeren volgde dan vanzelf. Ze werd somber als ze niet in beweging was.

Anna zette de radio aan. Ze kon geen muziek vinden. Er klonken alleen krakende, Hongaarse stemmen. Ze zeiden iets over de oorlog, maar wat precies kon ze niet verstaan. Het ging niet goed met de oorlog, had ze van Géza begrepen. In het begin van het jaar waren de Duitsers bij Stalingrad verslagen. Sindsdien trok het Rode Leger steeds verder op in de richting van het Westen.

Ze kon zich er niet druk over maken. Het zou wel loslopen. Eerder dacht ze aan Géza. Bijna anderhalf jaar was ze nu in Boedapest en nog steeds was ze tweede vrouw, een liefje voor erbij. Géza zorgde goed voor haar. Hij belde trouw, nam haar mee uit eten, hij betaalde een deel van haar kamerhuur. Maar veel tijd had hij niet. Ze moest het nog altijd doen met gestolen uurtjes. Dat er wel een oplossing zou komen, zoals Géza vaak zei, geloofde ze steeds minder.

Kort geleden had ze Géza, zijn vrouw en dochtertje bij toeval op straat gezien. Ze stonden bij de tramhalte voor het Gellért, zelf liep ze iets verderop over de Donaukade. Géza merkte haar niet op. Hij hield zijn Cica op zijn arm. Zijn vrouw, een tengere blonde dame in een lange mantel, stond naast hem. Dit was ze dus. Katalin heette ze; het kind was naar haar vernoemd. Ze was een beroemd atlete geweest, had Géza wel eens verteld. Even staarde ze de familie aan. Ze zagen er heel gewoon uit, zo samen. Misschien waren ze wel gelukkig. Toen was ze snel doorgelopen.

Anna had Géza nooit voor het blok gezet. Ze zei niet: je kiest voor mij of ik ben weg. Dat was niet haar stijl. Als ze boos was, of niet meer wist wat ze met Géza aan moest, zorgde ze dat ze een tijdje verdween. Ze tartte Géza's verlangen door plotseling zoek te zijn – ze was dan bij Dóra, Mechtild of kennissen – en zich een paar dagen of soms zelfs een paar weken niet te laten zien. Géza kon daar slecht tegen. Hij was snel jaloers, ging haar overal zoeken, en dat was precies wat ze wilde.

Op de radio klonk nu marsmuziek. Anna zette hem uit. Misschien moest ze een brief aan haar moeder schrijven. Ze had alweer weken niets van zich laten horen. Maar daar had ze weinig zin in. Ze hoopte dat er nog iemand zou bellen.

Rond een uur of halftien hield ze het niet meer uit in haar kamer. Ze deed de bontjas aan die ze van Géza had gekregen en ging de straat op. Het was stil in de stad. Door het gebrek aan benzine reden er nauwelijks nog bussen of auto's. Ze liep de Kettingbrug op en bleef halverwege staan om een sigaret te roken. Het Koninklijk Paleis op de burcht werd al lang niet meer verlicht – zoals die keer dat ze met haar moeder op een Donauschip in Boedapest aankwam. Alles was donker om haar heen.

Soms vroeg ze zich af wat ze nog in Hongarije deed; tegelijkertijd had ze geen idee waar ze anders zou willen zijn.

[7]

Marczibányi tér *voorjaar 1944*

Midden in de nacht schrok Anna wakker. Er werd gebeld. Ze sprong haar bed uit en rende naar de telefoon, die zich op de gang van het pension bevond. Nadat ze haar naam had genoemd, zei een mannenstem: 'Nu is het bij ons net als in Holland.' Daarna werd de verbinding verbroken. Anna had de stem van Géza herkend.

Hongarije was door de Duitsers bezet, zoveel was haar duidelijk. Maar verder begreep ze er niets van. Onwillekeurig deed ze een raam open. Op straat was niets te zien; de stad leek in diepe rust. Het was zondag 19 maart 1944, rond vier uur 's nachts.

Slapen ging niet meer. Ze maakte haar buurvrouwen in het pension wakker. De Hongaarse Valery Zathureczky, wier man aan het Oostfront zat. En Magda Braun; zij was gescheiden en haar man was uitgeweken naar Argentinië. Niemand geloofde haar. Zoiets kon toch niet binnen één nacht gebeuren?

'Het is vast een slechte grap,' zei Magda Braun slaperig.

Vroeg in de ochtend kleedde Anna zich aan en ging naar buiten. Er waren al meer mensen op straat. Ze hoorde geruchten dat het Koninklijk Paleis op de burcht al in Duitse handen was, dat Horthy gevangen zou zijn genomen. Maar wat er precies aan de hand was, wist niemand. De Hongaarse radio zweeg; kranten verschenen er die dag niet. Bovendien was er nog geen Duitser te zien. Geen tanks, geen militaire vrachtwagens, niets. Het zou een mooie lentedag worden en de eerste café-eigenaren maakten hun terrassen klaar.

Hongarije was ingenomen zonder dat er één schot was gelost. Terwijl rijksregent Horthy voor een bespreking met Hitler op een kasteel in Oostenrijk zat, waren de Duitsers het land binnengevallen; het Hongaarse leger bood geen tegenstand. Hitler had genoeg van de onbetrouwbare bondgenoot. Nu de Russen de Roemeense grens naderden, wilden de Hongaren hun troepen terugtrekken van het Oostfront en was Horthy in het geheim onderhandelingen begonnen met de geallieerden. Door de bezetting dwong Hitler Hongarije in het Duitse kamp te blijven. Horthy zelf mocht zijn positie behouden, op voorwaarde dat hij zijn regering zou vervangen door een regime dat wel deed wat de nazi's wilden.

Terug in het pension werd Anna bestookt met vragen. 'Ze zijn er,' was het enige wat ze kon zeggen.

Ze voelde zich vreemd. Alles zou nu anders worden, maar voorlopig scheen de zon en was het een zondag als alle andere. Ze had zin om Géza te bellen en te vragen wat ze ervan moest denken, maar die ging vandaag in het park wandelen met zijn vrouw en dochtertje.

Gustav Gratz was de eerste bekende die verdween. Op 29 maart werd hij meegenomen door twee officieren van de Gestapo, die verzekerden dat hij snel weer thuis zou zijn. Het koffertje dat hij uit voorzorg al had gepakt, kon hij laten staan. Maar die avond en ook de volgende dag werd er niets meer van hem vernomen.

Anna was in die dagen veel bij de familie Gratz thuis. Met toenemende bewondering zag ze wat Dóra, de lievelingsdochter van Gustav Gratz, voor haar vader deed.

Dóra was alle gevangenissen in Boedapest afgegaan. Ze had haar vader uiteindelijk gevonden in een cel in de Fö utca, waar ze hem zijn pyjama en een bijbel kon geven. Daarna belde ze alle bekenden van Gustav Gratz in de Hongaarse regering, in een poging haar negenenzestigjarige, ziekelijke vader vrij te krijgen. Toen dat niet hielp, was ze zelf naar het hoofdkwartier van de Gestapo op de Schwabenheuvel in Boeda gegaan.

In de jaren dertig had Dóra's ex-man haar lid gemaakt van de NSDAP. Hoewel haar bewijs daarvan officieel allang verlopen was, kwam het Dóra nu goed van pas. Ze deed zich bij de Gestapo voor als een trouw lid van de nazipartij dat de Duitsers een dienst wilde bewijzen. Ze had het door haar vader geschreven, onvoltooide manuscript van het Economisch Jaarboek van Hongarije meegenomen. Dat boek was van groot belang voor de Duitse oorlogsindustrie, vertelde Dóra tegen een officier. De Gestapo kon haar vader maar beter vrijlaten, dan kon hij dat boek tenminste afmaken.

Het was een risico dat Dóra nam. 'Als de Duitsers erachter komen dat ik al jaren geen contributie meer aan de NSDAP heb betaald, hang ik,' had ze tegen Anna gezegd. Maar het was het proberen waard, vond Dóra, hoewel ze haar vader er uiteindelijk niet mee vrij kreeg. Hij bleek al snel na zijn arrestatie naar het concentratiekamp Mauthausen te zijn gebracht. Omdat de Gestapo niettemin overtuigd was geraakt van het belang van het Jaarboek, mocht Dóra er wel met de joodse secretaresse van Gratz aan werken, die ook gevangen was gezet.

Anna herkende Dóra's lef. Zelf stapte ze ook op iedereen af als ze iets gedaan wilde krijgen. Wat ze bewonderde, was Dóra's bereidheid om te helpen, ook als het niet om directe familie ging. Elke week bezocht Dóra de gevangenis om met Gratz' secretaresse zogenaamd aan het Jaarboek te werken. Ze smokkelde briefjes voor haar naar binnen en naar buiten; ze zette haar eigen veiligheid op het spel om een kennis – niet eens een goede vriendin – te helpen. 'Mijn vader heb ik er niet mee terug, maar ik kan er in elk geval voor zorgen dat zíj niet naar een kamp wordt gebracht,' zei Dóra.

Die onbaatzuchtigheid kende Anna niet. Haar moeder had ook wel eens mensen geholpen; toen dokter Griffel Wenen uit vluchtte smokkelde ze voor hem papieren en gouden munten de grens over. Maar zelf had Anna nog zelden iets zomaar voor anderen gedaan. Ze was door haar moeder nooit verwend met dure cadeaus of mooie kleren, maar ze was wel een prinsesje geweest; altijd had alles om háár gedraaid.

Na een paar weken werd de secretaresse van Gratz betrapt met een briefje dat Dóra voor haar naar binnen had gesmokkeld. Ze bekende wie haar had geholpen. De eerstvolgende keer dat Dóra zich bij de gevangenis meldde om aan het Jaarboek te werken, kreeg ze van de dienstdoende Gestapo-officier een klap in haar gezicht; ze mocht de secretaresse nooit meer bezoeken.

'Het had slechter met me af kunnen lopen,' zei Dóra na afloop nuchter. Ze leek het vanzelfsprekend te vinden wat ze had gedaan. 'Als je kunt helpen, doe je dat toch?' zei ze.

Zo had Anna het nog niet bekeken. Ze was opgegroeid in het besef dat ze als kind van 'goede familie' bevoorrecht was, begiftigd met behoorlijke manieren, contacten en middelen. Maar dat je die positie ook kon gebruiken om anderen te helpen, had ze zich nooit gerealiseerd.

Soms moest Anna denken aan haar vader. Een van de weinige dingen die ze over hem wist, was dat hij vroeger wel eens een groep armlastige mensen meenam voor een bootreisje op de Rijn. Misschien kon ook zij iemand worden door er voor anderen te zijn.

Het huis in de Szemlöhegy utca in Boeda was verzegeld, zag Anna. De familie Stein was weg. Ze belde aan bij de huishoudster, die in een appartement naast dat van de Steins woonde. Meneer en mevrouw waren meegenomen door de Duitsers, vertelde zij, niemand wist waarheen.

Anna had vlak na haar terugkomst in Boedapest in 1942 korte tijd bij het joodse echtpaar ingewoond. Het waren aardige mensen. Hij was lang, mager, en hij was altijd bezorgd om zijn vrouw. Zij was klein en lief.

Vlak na de Duitse invasie had meneer Stein haar op een avond gebeld. Hij vroeg of ze iets voor hem wilde bewaren. Het ging om een ring met een briljant en nog wat andere sieraden. Ze had ze in haar diepe kast gelegd, waar ook al een tas met juwelen stond van de familie Perint. Ook gaf hij haar een sleutel van hun huis, want je wist maar nooit.

Anna wist op dat moment nog niets van de jodenvernietiging. Ze had alleen gehoord dat er werkkampen waren, waar joodse gevangenen dwangarbeid moesten verrichten. Maar het zou nog maanden duren voor het tot haar door zou dringen dat de ruim 800.000 joden van Hongarije in maart 1944 de laatste grote, joodse enclave in Europa vormden. Rijksregent Horthy was weliswaar openlijk antisemiet en had meegewerkt aan tal van anti-joodse maatregelen en zelfs terreur, maar tegen massale deportatie van de Hongaarse joden had hij zich altijd verzet. Ook dat was voor de Duitsers een reden geweest om Hongarije binnen te vallen. Een paar dagen na de invasie was de nazi Adolf Eichmann naar Boedapest afgereisd met de opdracht af te rekenen met het 'joodse probleem'.

Nu stond Anna voor het huis van de familie Stein en ze vroeg zich af wat er gebeurd kon zijn. Waarschijnlijk hadden de Duitsers meneer Stein belangrijk genoeg gevonden om hem al zo snel na de bezetting te arresteren, dacht ze, net als Gustav Gratz en nog zoveel anderen.

Nog diezelfde middag ging ze naar het hoofdkwartier van de Gestapo op de Schwabenheuvel – net zoals Dóra eerder had gedaan. Ze had Iván Ruttkay, een Hongaarse vriend, gevraagd mee te gaan en buiten op haar te wachten, zodat er in elk geval iemand op de hoogte was als het mis zou gaan.

'Ik kan mijn huis niet meer in!' zei ze op verontwaardigde toon tegen de Gestapo-officier die haar ontving.

Ze legde uit dat ze bij de familie Stein had ingewoond en in hun huis nog kostbare spullen had staan, waar ze nu niet bij kon.

'Het is toch een schandaal! *Schrecklich.*'

Dat werd haar tactiek. Een grote Duitse mond opzetten; doen alsof ze een van hen was.

De officier van de Gestapo stuurde een soldaat met haar mee om het huis aan de Szemlöhegy utca open te maken. De Duitser bleek erg van boeken te houden. Hij bleef lang hangen in de bibliotheek van meneer Stein. Intussen vulde Anna haar tassen. Ze liep door de kamers en nam alles mee waarvan ze vermoedde dat de familie Stein eraan was gehecht. Ingelijste foto's, zilveren kandelaars, een antiek klokje, een oude sigarendoos, twee kettingen die mevrouw Stein in de haast op haar kaptafel had achtergelaten.

Toen ze weer naar buiten kwam, zag ze de buren kijken. Daar heb je weer zo'n nazitante, zag ze hen denken.

Géza zei dat ze beter Duitsers in de stad konden hebben dan Russen, al maakte hij zich zorgen over hoe het nu verder moest.

De burgemeester van Boedapest, Homonnay, was kort na de bezetting uit protest afgetreden. Géza werkte nu voor burgemeester Farkas, een man met een kapsel en een snor als Hitler. 'Heb ik dan een keus?' had hij tegen Anna gezegd. 'Ik heb een gezin te onderhouden en mijn moeder en zuster er nog bij.'

Anna was wel haar baan kwijt. Net als alle andere joden in Boedapest had meneer Albrecht zijn bedrijf moeten sluiten. Via Géza had ze kort daarna werk gevonden bij een ander bedrijf, Intercontinental. Maar daar had ze het niet lang uitgehouden. De leiding was in handen van Duitse nazi's. Er werd van haar verwacht dat ze zich zou aanmelden bij een nationaal-socialistische meisjesbond – niets voor haar. Al na een paar weken hield ze het voor gezien. Sindsdien probeerde ze rond te komen van het geld dat haar moeder haar toestuurde. Ze at vaak bij Dóra of Mechtild en ook op Géza kon ze rekenen: als hij op bezoek kwam, nam hij altijd voedsel of bonnen mee.

In de opera bleven de voorstellingen doorgaan. Anna werkte

nog regelmatig in het atelier van Tivi; hij ontwierp kostuums voor de populaire Hongaarse opera Bánk Bán en vroeg haar schetsen van hoofddeksels te maken. Toch gebeurde het ook vaak genoeg dat de dagen leeg voor haar lagen. Als vanzelf kreeg ze het steeds drukker met het helpen van vrienden en kennissen. Ze bracht een kip die ze van Géza had gekregen naar de familie Saternus. Ze zocht meneer Albrecht op in de gevangenis nadat ook hij door de Duitsers was opgepakt en smokkelde briefjes van zijn vrouw voor hem naar binnen. Ze verstopte de hermelijnen bontmantel van mevrouw Perint in haar diepe inbouwkast.

Met Géza sprak ze nauwelijks over wat ze deed. En ook Géza vertelde weinig over zijn werk. Ze zagen elkaar ook minder. Kort na de Duitse bezetting waren de geallieerden begonnen met het bombarderen van Boedapest. Vooral 's avonds begaf niemand zich graag op straat. Het was voorbij met de etentjes bij zigeunermuziek, de roeitochtjes op de Donau. Hoewel Géza zijn vrouw en dochter had ondergebracht op het platteland, waar het veiliger was, en ze vaker samen hadden kunnen zijn dan ooit, gingen zij steeds meer hun eigen weg. En áls ze elkaar zagen was er, misschien ook door de spanning van de oorlog, steeds vaker ruzie.

'Ga naar je vrouw, ik wil je nooit meer zien!' riep Anna wanneer ze weer eens genoeg had van Géza.

'Ik doe alles voor je, heb geduld!' riep Géza dan. Soms vlogen de kopjes door de kamer; Géza kon erg driftig worden.

Anna realiseerde zich toen nog niet dat Géza en zij ook op een andere manier tegenover elkaar waren komen te staan. Mede uit afkeer van de Russen, koos Géza voor de Duitse kant, al had hij geen sympathie voor de nazi's. Anna begreep dat wel – ook haar leek een Duitse bezetting te verkiezen boven een Russische. Maar tegelijkertijd wilde ze haar vrienden en kennissen beschermen tegen de Duitsers, en kwam ze daardoor in verzet tegen de macht die Géza op het stadhuis administratief ondersteunde.

Lieve kind, je begrijpt dat ik in doodsangst zit na de bombardementen daar,

schreef haar moeder kort na de bezetting.

Nu heb ik helemaal geen rust meer en ik voel hoe het me achteruit zet. Dat je veel op het platteland bent, zoals je schrijft, doet daar niets aan af. Kom zo gauw als je kunt hierheen; hier is het rustig. Na de oorlog ga ik direct met je terug. Veel kussen, mams.

In een poging haar moeder gerust te stellen had Anna haar geschreven dat ze vaak bij vrienden was die een huisje hadden aan het Balatonmeer. 'Ik leef rustig en gezond en heb van de oorlog weinig last.' Over hoe het werkelijk met haar ging, liet ze niets los, zoals haar moeder wel merkte.

Is het niet een vreselijke chaos geweest daar? Er moet toch veel post van mij je bereikt hebben, doch jij schrijft heus niet drie keer per week en er staat zo weinig belangrijks in je brieven. Verzwijg je me niet veel?

Het lukte Anna niet om meer te vertellen. Ze had zich te lang voor haar moeder verstopt. Nu wist ze niet meer hoe ze zich moest openstellen.

Eerst kon ze het niet geloven. Géza zei toch altijd dat hij 'voorzichtig' was? Of had ze zelf niet goed opgelet, was ze roekeloos geweest, in een onbewuste, laatste poging Géza aan zich te binden?

Ze wachtte en telde de dagen. Toen moest ze het wel vertellen.

Géza schrok, maar herstelde zich snel. Hij kende een goede

vrouwenarts, zei hij. Die moest haar eerst maar eens onderzoeken. Misschien was er wel iets anders aan de hand.

Maar de arts liet geen ruimte voor twijfel. 'U bent tweeënhalve maand heen,' zei hij.

Het was onmogelijk, het kon echt niet.

'We hebben geen keus,' zei Géza ook.

Terwijl de ingreep plaatsvond, netjes en zonder complicaties, zat Géza op de gang te wachten. En in de dagen dat ze lag bij te komen, in een kleine kamer zonder uitzicht, kwam hij haar worst en kaas brengen en kuste hij haar zacht op haar voorhoofd.

Toch veranderde er iets, al begreep Anna zelf niet goed wat. Ze had toch niet écht gedacht dat hij zou zeggen: dit maakt alles anders, nu blijf ik voor altijd bij jou en ons kind?

Kort daarna slikte Anna een handvol slaappillen.

Ze was altijd gevlucht als ze zich geen raad meer wist. Ze had aan haar moeder trachten te ontkomen door zich te verschuilen achter verzonnen verhalen. Ze had geprobeerd zich aan Géza te ontworstelen door onder te duiken bij vriendinnen. Nu wilde ze voorgoed ontsnappen. Ze zag niet hoe het verder moest. Niet zonder Géza en niet met. Het beste was er helemaal niet meer te zijn.

Hoe lang ze van de wereld was geweest, wist ze niet. Kotsmisselijk werd ze wakker. Ze ging niet naar een dokter, belde niemand. Als een zieke hond lag ze in bed en likte haar wonden. Pas twee dagen later kon ze weer opstaan.

Ze voelde zich opmerkelijk kalm en nuchter. Het was alsof ze in die diepe, droomloze slaappillenslaap zo ver van Géza was afgedreven, dat ze eindelijk echt afstand kon nemen.

Twee weken later ging ze voor het eerst uit met Otto Gratz.

Hij was een neef van Dóra en werkte als gynaecoloog in Boedapest. Zijn vrouw zat in Oostenrijk, maar dat huwelijk 'stelde niks meer voor', zo liet Dóra niet na te vertellen.

Otto was niet haar type, dat had Anna al snel gezien. Daarvoor leek hij te serieus, te droog. Maar hij zag er best aardig uit, hij was intelligent, beschaafd, en wat ook niet onbelangrijk was: ze kon met hem wel bij Dóra en haar familie op bezoek komen.

Ik moet je nogmaals zeggen hoe dankbaar ik ben dat je in mijn laatste dagen in Boedapest zo dicht bij me was, zoals alleen mijn Anna kan zijn, of beter gezegd: dat je me toen zo gelukkig hebt gemaakt, zoals ik lang niet was geweest.

Zo schreef Otto haar later.

Ja, ik voelde me bevoorrecht, in het jaar 1944, toen ik een mooie, blonde Hollandse aan mijn zijde wist. Een vrouw die alles voor me was: liefde, goede vriendin, zuster, kameraad in leuke en gevaarlijke tijden.

Anna had Otto Gratz nodig. Naast hem stond ze sterker. Allereerst tegenover Géza, met wie het pas echt uit raakte toen het eenmaal aan was met Otto.

Op een avond bracht Otto haar thuis. Tegenover de ingang van het pension in de Pauler utca stond Géza hen op te wachten.
 'Blijf van haar af!' riep Géza naar Otto.
 Otto protesteerde. De mannen kregen ruzie. Al snel gingen ze elkaar te lijf; Géza deelde rake klappen uit. In de Pauler utca werden hier en daar lichten aangedaan. Ramen gingen open. 'Moet je eens kijken,' hoorde Anna roepen, 'er rollen een paar keurige heren over straat.'
 Het was geen gezicht. Twee mannen van middelbare leeftijd, beiden in pak met das en lange jas, die elkaar als straatschoffies in de haren vlogen. Anna deed geen moeite tussenbeide te komen.
 Toen Géza en Otto wel erg veel publiek kregen, spraken ze

af later te duelleren. Heel klassiek, met pistolen, in de beste Hongaarse traditie. Maar daarvan kwam het nooit.

De enige die die avond de overwinning smaakte, was Anna zelf. Dat was toen ze, na de vechtpartij, met Otto in het pension verdween en Géza in zijn verkreukelde pak op straat liet staan.

⌘

Het kwam allemaal door een hondje. Zonder dat hondje had Anna de Zweedse diplomaat Raoul Wallenberg waarschijnlijk nooit ontmoet.

Jimmy, zoals het hondje heette, was een pup van Dóra's collie. De pup was naar een joodse kennis van Dóra's ouders gegaan, Marcel Sonnenberg, die er erg blij mee was. Maar in de late zomer van 1944 begon Marcel Sonnenberg zich zorgen te maken. Er waren geruchten dat de Hongaarse joden naar werkkampen in het Oosten werden gebracht. De Duitsers wilden eerst het Hongaarse platteland *judenfrei* maken en vervolgens zou Boedapest aan de beurt zijn. Misschien kon hij de pup beter onderbrengen bij een Engelse vriend van hem, John Dickinson. 'Als je iets wilt weten over de verzorging, moet je maar naar Dóra Gratz gaan,' zei Marcel Sonnenberg tegen zijn vriend.

Terwijl Marcel Sonnenberg en veel andere joden van Boedapest angstig afwachtten wat komen ging, waren onder leiding van Adolf Eichmann tussen april en juli 1944 al meer dan vierhonderdduizend joden van het Hongaarse platteland naar Auschwitz afgevoerd, een onvoorstelbare operatie die Eichmann zelf later 'de meest succesvolle' uit zijn carrière zou noemen. Daarna was er over de deportatie van de laatste ruim tweehonderdvijftigduizend joden uit Boedapest – die tot dan toe alleen gedwongen waren bij elkaar in zogeheten 'gele-sterhuizen' te gaan wonen – tot op het allerhoogste niveau onderhandeld. Eichmann wilde zijn karwei afmaken, en snel ook, maar rijksregent Horthy verbood hem dat; president Roosevelt had via de neutrale staten zware druk op Hongarije uitgeoefend de deportaties te staken en dreigde Horthy na de oorlog ter verantwoording te roepen. Uiteindelijk had ook ss-leider Himmler zich ermee bemoeid en bevolen de joden van Boedapest voorlopig met rust te laten; Duitsland had de Hongaarse steun en olie hard nodig.

John Dickinson woonde samen met zijn Hongaarse vrouw en hun tweejarige zoontje vlak bij de villa op de Marczibányi tér. Al snel kwam hij vaak met zijn familie en de pup Jimmy langs bij Dóra. John had jarenlang in Boedapest gewerkt voor PriceWaterhouse, maar was zonder werk komen te zitten nadat de firma zich vanwege de oorlog uit Hongarije had teruggetrokken. Om toch wat te doen te hebben had hij zich aangemeld als staflid van het Zweedse Rode Kruis, dat nauw samenwerkte met het Zweeds gezantschap in Boedapest. De belangrijkste diplomaat daar was Raoul Wallenberg, lid van een machtige Zweedse familie van bankiers en zakenlieden. Wallenberg was in juli 1944 op initiatief van de Amerikaanse War Refugee Board door de Zweden naar Hongarije gestuurd om joden in nood te helpen – om te beginnen de joden die van belang waren voor de Zweedse handelsrelaties. Want de deportaties mochten zijn stopgezet, niemand was er gerust op dat dat zo zou blijven.

Eind augustus 1944 haalde John Dóra over ook voor de Zweden te gaan werken. Het Zweedse gezantschap hielp de joden vooral met *Schutzpässe*: passen die tijdelijk de status gaven van Zweeds, dus neutraal onderdaan, over wie de Duitsers niets te zeggen hadden. Joden die zo'n pas hadden, hoefden niet te vrezen voor deportatie. Raoul Wallenberg had de uitgifte van deze beschermingspassen sinds zijn komst in Boedapest enorm opgevoerd; hij leidde een kantoor met tientallen, bijna uitsluitend joodse medewerkers.

Dóra had wel even getwijfeld voordat ze ja zei. Ze had een betaald baantje bij het staatsreisbureau Ibusz. Ze wist niet of ze dat moest opgeven, want bij de Zweden zou ze niets verdienen. Maar uiteindelijk zei ze ja. Het reisbureau had door de oorlog binnenkort toch geen werk meer, vermoedde ze. Bovendien, zo schreef Dóra in het dagboek dat ze in die tijd bijhield: 'Financieel waren we oké en misschien kon ik iets goeds doen.'

Op een avond zaten Anna en Dóra in de salon van mamuka te praten over Dóra's nieuwe werk. Dóra vertelde over de beschermingspassen, en over de 'Zweedse huizen': om de joden met Schutzpässen nog beter te beschermen was Wallenberg begonnen met het opkopen van panden in Pest die hij tot exterritoriaal gebied verklaarde. Steeds meer joden met een beschermingspas werden in zo'n Zweeds huis ondergebracht. Het was nog veel werk om al die mensen van voedsel te voorzien. Gelukkig 'barstte Wallenberg van de dollars', zei Dóra. Hij kocht het voedsel tegen onmogelijke prijzen op de zwarte markt. De voorraden werden ondergebracht in geheime voedseldepots. Dóra hielp bij de verspreiding ervan naar de Zweedse huizen.

'Wil je ook niet helpen, Anna?' vroeg Dóra.

Anna aarzelde geen moment. Ze kon geen nee zeggen als haar om een gunst werd gevraagd, daar begon het mee. En ze was loyaal aan Dóra. Ze wilde graag bij Dóra horen, bij haar familie. Bovendien zou het haar bezighouden; ze vond het maar niks om zonder werk te zitten.

Aan wat ze allemaal zou moeten doen, dacht Anna nog niet.

'Ach,' zei Dóra, 'jij loopt toch ook rond met een gat in je ziel. Net als ik.'

Het Zweeds gezantschap was gevestigd in een grote villa aan de Minerva utca in Boeda, op een heuvel achter Hotel Gellért. Voor de poort stond een lange rij mensen die op een beschermingspas hoopten. Anna vond het vervelend om langs de rij naar de ingang te lopen; sommige mensen klampten haar aan en vroegen of ze iets voor hen kon doen.

Ze moest wachten in een kamer naast die van Wallenberg.

De deur stond open; er liepen mensen in en uit. Wallenberg, een nog jonge man die niettemin al kaal werd bij de slapen, stond gebogen over een bureau met papieren.

Het gesprek met Raoul Wallenberg was kort.

Ze was dus niet joods? En wat voor paspoort had ze, wilde hij weten. Welke talen sprak ze?

Het was beter dat ze niet meer op het gezantschap kwam, zei hij. Het gebouw werd door de Duitsers in de gaten gehouden. Maar in de buitendienst kon hij nog wel een koerierster gebruiken.

Ze schudden elkaar de hand, Anna vertrok.

Na die keer zou ze Wallenberg nooit meer zien. Ze vergat hem aanvankelijk; veel indruk had de eerste secretaris van het Zweedse gezantschap niet op haar gemaakt. Anna hield van mannen die wat te vertellen hadden. Ze meende hen direct te herkennen. Maar die uitstraling had Wallenberg niet gehad.

Het was voor Anna dan ook vreemd om later de stukken in de kranten te lezen over Raoul Wallenberg, 'de tragische held die na de oorlog onder mysterieuze omstandigheden verdween in de Sovjet-Unie'. Anna las dat Wallenberg op deportatietreinen was gesprongen om 'zijn' joden met een beschermingspas eruit te halen. Wallenberg had ervoor gezorgd dat er duizenden Schutzpässe waren uitgegeven, veel meer dan de Zweedse regering ooit van plan was geweest te verspreiden; hij had eigenhandig soep en dekens uitgedeeld aan de joden die uiteindelijk toch – lopend – werden gedeporteerd; hij had, op het laatste moment, met veel diplomatiek stuntwerk zelfs de vernietiging van het joodse getto van Boedapest weten te voorkomen. Al met al moest hij tienduizenden levens hebben gered.

Ging dat over hém? had Anna in eerste instantie gedacht toen ze de ronkende verhalen las. Die weke, beetje slome man wie ze toen op de Minerva utca de hand had geschud en die er veel ouder uitzag dan hij was?

Op 4 september 1944 kreeg Anna een met veel stempels gedecoreerde verklaring van Waldemar Langlet, de directeur van het Zweedse Rode Kruis.

Hierbij bevestigen wij dat Anna Boom medewerkster is van het Zweedse Rode Kruis in Hongarije.

Ze zou het papier een leven lang bewaren, in een doos die ze nooit openmaakte omdat ze had besloten dat ze de oorlogs-jaren in Boedapest wilde vergeten.

[8]

Szikla Kórház *winter 1944-1945*

Wanneer Anna, toen ze al veel ouder was, terugdacht aan de laatste, chaotische oorlogsmaanden in Boedapest, leek het of er een acute mist opkwam in haar hoofd. Er doemden alleen flarden van verhalen op, zelden kreeg ze haar herinneringen scherp. Ze had na de oorlog een 'rolgordijn' neergelaten – alsof het mogelijk was met één enkel armgebaar alle herinneringen voorgoed in een donkere kamer weg te stoppen. Nooit had ze meer over die tijd gesproken. Ze had er ook niet meer aan gedacht, zeker veertig jaar lang.

Er waren haar wel beelden bijgebleven en soms – als het heel heftig was geweest – ook hele scènes.

Ze zag zichzelf een Zweeds huis binnengaan. Zo'n groot stadshuis in Pest, met een binnenplaats en vijf verdiepingen rondom. Geduw en getrek om haar heen. Zo veel mensen, ze zaten soms met z'n vijftienen in één kamer, met z'n zestigen in één appartement. En iedereen wilde wat van haar. Kon ze ergens een tante ophalen, melk voor een baby brengen, een tas met geld opgraven in de een of andere tuin. Ze voelde de benauwdheid weer. Hoe ze wilde helpen, vroeg: waar zit die tante dan verstopt, heeft ze al een Zweedse pas. Maar liever nog wilde ze weg. Naar buiten, waar ze kon ademen.

Het begon vaak met een telefoontje. Een berichtje van Dóra. Wees zo laat daar en daar. Er is een man die een pakje voor je heeft. Breng het naar het volgende adres. Soms moest ze ook iemand begeleiden. Een vrouw, een kind dat een andere verstopplek nodig had of dat naar een Zweeds huis ging. Ze vroeg niets. Ze kende geen namen, dat was veiliger. Ze wist ook niet voor wie ze precies werkte. Alles ging via Dóra, of via de mensen die Dóra op haar had afgestuurd. Ze liep drie paar schoenen kapot in die dagen.

Vaak klonk onderweg luchtalarm en moest ze schuilen in een vreemde kelder. De mensen zaten er dicht op elkaar en jammerden als er ook maar een beetje stof naar beneden kwam. Zelf was ze niet bang. Misschien was dat vreemd. Ze was eigenlijk nooit bang toen. Ze kende geen gevaar. Als kind had ze altijd veilig opgeborgen gezeten, onder moeders rokken; wat had ze moeten leren vrezen? De bommen zouden wel ergens anders vallen, dacht ze.

In haar diepe kast bewaarde ze een stapeltje blanco Zweedse beschermingspassen. Er kwamen mensen bij haar aan de deur voor papieren. Het gerucht dat ze kon helpen, werd snel verspreid. Soms waren die mensen niet veilig en verstopte ze hen een tijdje in haar kast. Voor een paar uur, of langer. Dan moest ze oppassen. Er kon altijd iemand op haar deur kloppen. Eén bewoner van het pension vertrouwde ze zeker niet; een joodse man die vreemd genoeg van de vervolging geen enkele last leek te hebben.

Ze herinnerde zich ook hoe ze joden opzocht in de stad om papieren te brengen. De nervositeit in die huizen, de verstikkende sfeer. 'Hebt u een foto van uzelf?' Nee, geen portretfoto. Dan maar een kiekje uit een album gescheurd. Vrolijke vakantiefoto's uit een andere tijd, een andere wereld. 'Het Zweeds Koninklijk Gezantschap bevestigt dat ondergetekende naar Zweden zal repatriëren en onder bescherming staat van het Zweeds Gezantschap in Boedapest…' Ze zette stempels, handtekeningen. Als ze geen stempel had, knutselde ze er thuis zelf een in elkaar, het Zweedse kroontje was makkelijk na te maken. Wie maalde er nog om wat officieel was? Wat telde was de angst van de mensen. En de hoop die zo'n Zweeds document bood.

Ze kreeg eten in haar handen gedrukt, een flesje sterke drank. Dank u wel, dank u wel. Ze wist nooit wat ze daarop moest zeggen. 'Ik kan nu eenmaal niet thuis zitten'? Dat was misschien het meest eerlijk geweest.

Van Dóra hoorde ze in die dagen wat er met de joden in vernietigingskampen gebeurde. Dóra had het van John gehoord. En die had het weer van de Zweden, die alles wisten. Het moest dus wel waar zijn. Maar dat betekende nog niet dat ze zich er iets bij kon voorstellen.

Hoe was ze in Hajdúszoboszló gekomen, in die vroege herfst van 1944? Reed er nog een trein, kon ze met iemand meerijden, had ze gelift? Zeker was alleen dat ze er was geweest, in Hajdúszoboszló. Ze zag de wijk waar Karl Hörbe was ingekwartierd zo weer voor zich. De lage huisjes langs de ongeplaveide weg. Ook het seizoen stond haar nog bij. De herfstkou die al in de lucht hing, de geur van haardvuurtjes.

Hij was haar altijd blijven schrijven, Karl Hörbe. Eind september 1944 kwam er een brief uit Hajdúszoboszló, een Hongaars stadje bij de grens met Roemenië. Ze wist niet dat het Duitse leger zich al zo ver had teruggetrokken; de Russen stonden nu op zo'n tweehonderd kilometer van Boedapest. 'Ik zou het leuk vinden wanneer je een keer hier kwam,' had Karl geschreven.

Nog voordat ze had bedacht waarom ze zou gaan, had ze haar tas al gepakt. Misschien voelde ze zich schuldig tegenover Karl omdat ze zo weinig van zich had laten horen, al die jaren dat hij aan het Oostfront zat. Misschien wilde ze ook gewoon wel weg, verlangde ze ernaar op reis te gaan, omdat dat vertrouwd voelde in een tijd waarin alles haar steeds onwerkelijker voorkwam.

'Ik wist wel dat je zo gek zou zijn om te komen,' zei Karl toen hij haar zag. Hij woonde in bij een oude, alleenstaande vrouw, die soep met ui en aardappel voor hen kookte. 's Avonds zaten ze bij elkaar in de kleine, donkere woonkamer en spraken ze over Wenen, over Karls ouders, over haar moeder, over de films die ze ooit samen zagen. Ze moesten teruggrijpen op verhalen van vroeger omdat er in het heden nog weinig was dat ze deelden. In Wenen was ze een meisje geweest dat plaatjes van filmsterren verzamelde en graag een ijsje at op een terras aan de Donau. Wat moest ze vertellen over Wallenberg en de joden, over Géza en Otto, over Dóra en de pakjes die ze onder haar jas vervoerde? Ook Karl wilde weinig kwijt over de oorlog. *Wahnsinn*, was het enige wat hij steeds zei. Van zijn vroegere enthousiasme voor Hitler was niets meer over. Hij wilde naar huis, hij miste zijn cello.

's Nachts lag ze op een sofa in de gang. Ze kon niet slapen. Hoewel ze het front niet kon horen, voelde ze in alles dat de oorlog dichtbij was, dichterbij dan ooit.

De volgende ochtend bleek er geen trein naar Boedapest te gaan. Niemand op het station wist haar te vertellen wanneer er wel een zou vertrekken. Ze liep het stadje in en had geen idee wat ze moest doen. Bij een wegversperring vroeg ze aan een paar Duitse soldaten of zij iets wisten over transport. Het waren aardige kerels. Ze wilden haar wel helpen, al wisten ze zelf ook niet hoe. Net toen ze met de mannen stond te praten, stopte er een auto met vier Duitse officieren. Ze bleken onderweg naar Boedapest. En waar moest de *Fräulein* heen? wilden ze weten. Ze glimlachte, zei dat ze in Freiburg was geboren maar nu in Boedapest woonde. De mannen waren erg verheugd in deze uithoek van Hongarije een landgenote te treffen; hun uitnodiging volgde vanzelf.

Daar ging ze, in een snelle Duitse auto over de Hongaarse poesta. Terug in Boedapest werd ze keurig voor de deur van het pension in de Pauler utca afgezet.

Onderweg was ze gezien door Valery Zathureczky, haar buurvrouw uit het pension, die wist dat ze voor de Zweden werkte. Valery was ergens in Oost-Hongarije op familiebezoek geweest. Ook zij had geen vervoer terug kunnen vinden. Soms kon ze met een vrachtwagen meerijden, soms moest ze een paar kilometer lopen, zoals toen Anna voorbijkwam. Valery deed een stap opzij omdat er een auto wilde passeren. Wat doet die blonde vrouw daar tussen die militairen? had ze gedacht. Pas toen had ze gezien dat het Anna was, die juist op dat moment schaterde van het lachen.

Alles werd anders toen de Pijlkruisers, de Hongaarse nazi's, de macht grepen, op 15 oktober 1944. Bij de Duitsers kon je nog rekenen op een zekere discipline en respect voor gezag, had Anna ervaren. Maar de Pijlkruisers hielden zich nergens aan.

Ze zag ze zo weer voor zich, de Nyilas, zoals de Hongaren hen noemden. Jonge, slecht opgeleide mannen in zwarte uniformen, die in gewone tijden weinig kansen hadden gehad maar nu hun frustraties botvierden. Zelfs de ss beklaagde zich over hun wreedheid, had ze later gehoord.

In de dagen voor de coup van de Pijlkruisers dacht iedereen nog dat de oorlog in Hongarije snel voorbij zou zijn. De geallieerden waren Parijs al gepasseerd. Roemenië en Bulgarije, die steeds aan de Duitse kant hadden gevochten, waren overgelopen naar de Sovjet-Unie. Zo'n twee weken na Anna's bezoek aan Karl was Hajdúszoboszló door het Rode Leger ingenomen en de Russen trokken op naar Boedapest. Rijksregent Horthy zou toch niet zo gek zijn om bondgenoot te blijven van het verliezende Duitsland? Er kwam een wapenstilstand met de Russen, zo hoorde Anna overal.

Maar op die vijftiende oktober 1944 werden de Pijlkruisers van Ferenc Szálasi de baas, na een bliksemcoup die door de Duitsers was georganiseerd. Hitler wist dat Horthy onderhandelde met de geallieerden en wilde niet dat Hongarije zich zou terugtrekken uit de oorlog, want als Boedapest viel, lag voor de Russen de weg naar Wenen open. Rijksregent Horthy werd verbannen naar een kasteel in Duitsland en Adolf Eichmann, die in Hongarije al maanden weinig te doen had gehad en uiteindelijk naar Oostenrijk was vertrokken, keerde spoorslags terug naar Boedapest.

Ineens waren de Pijlkruisers overal, herinnerde Anna zich, als hongerige ratten die zich lang hadden verstopt en nu uit alle hoeken en gaten tevoorschijn kwamen. Ze ramden de deuren in van huizen die met een gele ster gebrandmerkt waren en plunderden alles wat los en vast zat. Ze voerden hun joodse 'arrestanten' mee naar de kade van de Donau, bonden er drie met hun benen aan elkaar en schoten alleen de middelste dood, waarna de anderen werden meegesleurd in zijn val in het ijskoude water.

De Zweedse papieren zagen er erg officieel uit en maakten meestal indruk op de Pijlkruisers, maar Anna hoorde ook verhalen over Zweedse huizen die door Nyilas-bendes waren bestormd, over joden met Zweedse beschermingspassen die tóch waren afgevoerd. Ze woonde nu in een stad zonder regels. Het was ieder voor zich. Alles hing af van wie je tegenkwam.

Dit beeld bleef haar bij: ze liep over straat met een joodse vrouw die ze naar een Zweeds huis wilde brengen. Ze werd aangehouden door twee Pijlkruisers, jongens met dunne snorren en geweren.

'Papieren,' zeiden ze in het Hongaars.

'Dat is míjn arrestant,' snauwde ze in het Duits.

De Pijlkruisers staarden haar verbouwereerd aan. Bij wie hoorde zij?

'Laat me erdoor, ik heb haast. *Bitte!*'

De jongens deden een stap opzij en ze liep snel door, de vrouw hield ze stevig vast bij haar arm.

Later kon ze het zelf ook niet verklaren. Hoe kwam ze zo

onverschrokken, zo gehard, alsof ze vroeger elke dag een potje had gevochten op straat, terwijl ze haar jeugd toch had doorgebracht in kuurhotels met zachte bedden en afgeschermde tuinen? Misschien had het te maken met haar aanpassingsvermogen. Ze had vroeger zo vaak van kleur moeten verschieten, afhankelijk van waar haar moeder haar nu weer bracht. Ze wist de taal van haar omgeving te spreken. Ze wist wat je moest zeggen als het erop aankwam.

Ze was alleen; op Otto kon ze niet leunen. Al eerder had ze gemerkt dat Otto soms lijzig sprak. Hij leek dan afwezig en luisterde nauwelijks naar wat ze zei. Eerst dacht ze dat het kwam doordat hij moe was. Hij werkte hard in het Szikla Kórház oftewel rotshospitaal, een oorlogsziekenhuis voor burgers dat zich geheel onder de grond bevond, in de eeuwenoude tunnels onder de burcht van Boeda. Er werden veel slachtoffers van de bombardementen binnengebracht, vertelde Otto. Soms sliep hij nachtenlang nauwelijks.

'Je lijkt wel dronken,' zei Anna soms lachend als hij weer eens zo vreemd sprak.

Pas na verloop van tijd ontdekte ze de ware oorzaak. Otto gebruikte morfine. Zoals wel meer artsen was hij verslaafd geraakt aan het wondermedicijn uit zijn eigen apotheek.

'Probeer het ook eens,' zei Otto toen ze op een avond samen in haar kamer waren.

Ze was nieuwsgierig genoeg. Ze wilde alles wel een keer proberen. Otto spoot het haar zelf in. Ze wachtte. Zou ze er rustig van worden, misschien wel gelukkig?

Maar in de hemel kwam ze niet. Hoe lichter ze werd in haar hoofd, hoe meer ze zich schrap zette. Het was niks voor haar om zich willoos te laten meevoeren.

Otto was teleurgesteld. Had ze dan geen enkele mooie gedachte gehad?

'Nee,' zei ze beslist. 'Ik hoef dat spul nooit meer.'

Ze kreeg er een hekel aan wanneer Otto pupillen als speldenknoppen had. Soms dacht ze aan Géza, die haar ondanks de verwijdering nog steeds af en toe boter of een worst bracht en dan zei dat het hem allemaal zo speet.

De dodenmarsen, die had ze ook voor altijd willen vergeten. Maar toen ze tientallen jaren nadien toch begon te praten – ze was dat niet van plan geweest; het rolgordijn schoot onverwacht open – kwamen de beelden als vanzelf terug, vaak scherper dan haar lief was.

'Kun je een beetje filmen?' vroeg Dóra.

Het was in de eerste helft van november. Ze hadden afgesproken in een stille straat op de Gellértberg. Sinds Dóra en zij samenwerkten, zagen ze elkaar niet meer thuis; dat was veiliger. Dóra kwam ook nog nauwelijks op de Marczibányi tér. Hoewel haar vader, dankzij bemiddeling van de Oostenrijkse man van haar zuster Lizzy, inmiddels was vrijgelaten uit Mauthausen en in Wenen zat, was Dóra bang dat de villa nog steeds in de gaten werd gehouden door de Duitsers. Meestal trok ze op met John Dickinson, de Engelsman die haar in contact had gebracht met de Zweden.

'Dat zal wel gaan,' antwoordde ze op Dóra's vraag, hoewel ze zelden een filmcamera had vastgehouden.

Dóra vertelde dat ze deportaties moest filmen. Door de vele bombardementen reden er geen treinen meer. De Duitsers lieten de joden daarom sinds kort naar de Hongaars-Oostenrijkse grens lopen, een tocht van bijna tweehonderd kilometer. Wallenberg wilde beelden hebben van deze marsen. Voor straks, als de oorlogsmisdadigers in de rechtszaal zouden staan.

De dodenmarsen waren een idee van Adolf Eichmann. Omdat de gaskamers van Auschwitz werden afgebroken, in een poging de sporen van de vernietiging uit te wissen voordat de Russen kwamen, had hij een andere oplossing bedacht voor het 'jodenvraagstuk': Eichmann wilde tienduizenden Hongaarse

joden 'uitlenen' aan het Rijk om er fabrieken en verdedigings-
werken te bouwen.

De winter was vroeg ingetreden, het was al erg koud. Dóra
had ervoor gezorgd dat ze kon meerijden met een vrachtauto
van de brandweer. Otto ging ook mee, hij wilde familie opzoeken in Komárom, halverwege de route.

Ze zaten in de lage open laadbak van de vrachtauto. In een
tas op haar schoot had ze een compacte Eumig-filmcamera
verstopt; alleen de lens stak naar buiten. Kort nadat ze Boedapest uit waren gereden, zagen ze de eerste groepen al lopen, in
lange colonnes, opgejaagd door Hongaarse politiemannen en
Pijlkruisers met geweren.

Anna drukte op de opnameknop en keek. Ze moest kijken,
want ze moest filmen. Maar hoe verder ze van Boedapest kwamen, hoe vaker ze haar hoofd wilde wegdraaien.

Ze zag groepjes vrouwen, en oudere mannen. Maar meer
vrouwen, meisjes soms nog. Ze waren, ondanks de regen en
kou, dun gekleed, en strompelden voort. Sommigen hielden het
niet meer vol en gingen zitten; Pijlkruisers sloegen en schop-
ten hen weer overeind. Langs de kant van de weg lagen lijken.
Otto zweeg en zelf wist ze ook niet wat ze moest zeggen.

Een hoogzwangere vrouw kon niet meer verder. Ze bleef
eerst staan, viel toen op de grond. Er liep een Pijlkruiser naar
haar toe. Hij schreeuwde dat ze omhoog moest komen. Maar
dat lukte niet. Ze bleef liggen. De Pijlkruiser stak een bajonet
in haar buik.

Langzaam werd alles koud, haar handen, haar voeten, haar
rug. Verder was het alsof ze niets meer voelde. Het enige wat ze
dacht was: ik moet opletten, de film moet lukken, want die
moet ik straks aan Dóra geven.

Er waren voor de joden onderweg geen dekens, geen ten-
ten, vrijwel geen voedsel, er was helemaal niets. Ze hoorde dat
zij 's nachts op een dorpsplein of in een greppel bij elkaar werden gedreven en dat de mars zeker zeven dagen duurde – voor
wie de grens haalde.

En zij zat op de vrachtwagen en kon niets doen.

Dóra zei dat de film was gelukt en dat ze die aan de Zweden had gegeven. Maar wat er verder mee gebeurde, wist Anna niet. Ze sprak nooit met Dóra over wat ze had gezien en ook Otto en zij bleven zwijgen.

~

Een van de drie oude joodse dames had zo'n keurig gezicht gehad. Een rond gezicht met zachte, gerimpelde appelwangen. Juist die moesten de Pijlkruisers hebben.

Mechtild was ermee gekomen. De joodse buurvrouw van de familie Saternus, Jeanne Bruck, had drie oude tantes in de stad wonen. 'Kun jij die niet naar een Zweeds huis brengen?' had Mechtild gevraagd, die wist dat ze voor Wallenberg werkte.

Het was Anna gelukt papieren en een plek in een huis aan de Pozsonyi út in Pest te regelen. Omdat de oude vrouwen moeilijk konden lopen, had ze via een betrouwbaar contact ook een taxi georganiseerd. De dames zaten al klaar toen ze kwam. Ze hadden ieder een grote tas op schoot. Ze waren zenuwachtig. De drie zusters woonden al bijna vijftig jaar met elkaar in een appartement in Boeda. Nu moesten ze weg, niemand wist voor hoe lang.

Ze liepen samen de trap af, naar buiten. Het was begin december en er stond een ijskoude wind. In één oogopslag had ze het gezien. De taxichauffeur was er niet meer. Zat híj erachter? Deugde hij toch niet? Naast de taxi stonden twee gewapende Pijlkruisers hen op te wachten.

Op het bureau in Pest – al klonk dat te mooi voor de kale, naargeestige ruimte die het was – werden al hun spullen afgepakt. Een van de mannen doorzocht de tassen. Hij vond een lipstick.

'Had u zich nog mooi willen maken voor ons?' lachte hij.

De man liep op de dame met de appelwangen af. Ze had

grijs, netjes gekapt haar en lieve ogen. Hij opende de lipstick en tekende een rode clownsmond om haar lippen, een dikke, lachende clownsmond. Ook bekladde hij haar wenkbrauwen en zette hij sproeten op haar neus.

'Zo, nu ziet u er wat vrolijker uit,' zei hij toen hij klaar was.

De man vond het zelf erg grappig. Ook de andere Pijlkruisers grinnikten. De oude dame keek strak voor zich uit en gaf geen kik.

Anna wilde opspringen van haar stoel. Ze wilde de lipstick afpakken en roepen dat het een schande was. Maar ze deed niets. Ze moest zich beheersen. Ze moest hier uit zien te komen.

De Pijlkruisers vonden haar Zweedse papieren niet belangrijk, wat ze ook zei. Haar Hongaars was ook te gebrekkig om hen te kunnen overtroeven. Samen met de joodse dames werd ze afgevoerd naar een geblindeerde wagen, ze moesten instappen en reden weg.

Het was stil in de auto. Misschien zouden ze hen naar de Donaukade brengen, wilden ze met één schot van hen af. Toch voelde ze geen angst, eerder een ijzige kalmte. Ze was naar Boedapest gekomen om haar leven te beginnen. Het kon nu toch niet zomaar afgelopen zijn, zo slordig en achteloos.

De auto stopte, trok toen weer op, stopte weer. Een deur ging open. Ze herkende de straat direct. Ze waren in het joodse getto. Sinds begin december werd de joodse wijk in Pest door een metershoge houten schutting van de stad afgegrendeld. Deportaties waren er niet meer; ook de marsen naar de grens waren gestopt. Nu lieten de Duitsers de joden langzaam sterven, in een getto waar veel te veel mensen woonden en veel te weinig te eten was.

Ze werden uit de auto gegooid. Overal mensen, vuilnis, viezigheid. Omstanders spraken hen aan. Waar kwamen ze vandaan, wie was zíj? Een oudere man troonde hen mee naar een donker kantoortje, vermoedelijk van de joodse leiding van het getto. Ze kon niet anders dan de oude vrouwen er achterlaten.

De Pijlkruisers hadden haar papieren van het Zweedse Rode Kruis afgepakt. Maar in haar slip droeg ze altijd een tweede papier van de Zweden bij zich. Dat liet ze zien aan de Hongaarse politiemannen die bij de poort van het getto stonden. Het werkte. Ze kon doorlopen. Ze was weer vrij. Maar opgelucht voelde ze zich niet. De oude vrouwen zaten vast in het getto, en zelf was ze misschien ook niet veilig, want de Pijlkruisers kenden nu haar naam.

❧

Ze had altijd de lichtheid gezocht, juist in de zwaarste tijden. Ook toen waren er nog etentjes en borrels bij kennissen, al stond er niet veel op tafel. En in de schuilkelder dronk ze stevig mee wanneer de flessen Tokay rondgingen en ze samen liedjes zongen. Zij lachte en kletste wel, zonder een woord te zeggen over waar ze mee bezig was.

Niets was nog wat het leek; de tegenstrijdigheden vielen later niet uit te leggen. Op een avond was ze de Gellértberg op geklommen om naar de bombardementen te kijken, samen met één van de Duitse officieren die ze had ontmoet toen ze vanuit Hajdúszoboszló teruglifte naar Boedapest. Een nog jonge, aardige vent. Als kind had hij in Zuid-Afrika gewoond en hij vertelde verhalen over zijn jeugd. Ze zaten naast elkaar, zij aan zij, en hadden ver uitzicht over Boedapest. De geallieerden lieten lichtbollen aan parachutes naar beneden komen om hun doelen bij te lichten. 'Kerstbomen' noemden ze die. Het was een mooi gezicht om de stad te zien baden in het witte schijnsel. 'Moet je kijken!' riepen ze als er een nieuwe 'kerstboom' aan de hemel verscheen, alsof het om vuurwerk ging.

❧

's Morgens was ze nog naar de tandarts geweest. Dat bleef haar later bij. Zo'n stom, schijnbaar onbetekenend detail. Als je tanden maar gezond zijn! Ze leek haar moeder wel. De Russen waren vlakbij – al wist niemand waar ze precies zaten –, de strijd om Boedapest zou misschien spoedig losbarsten, en zij dacht: mijn gebit moet worden nagekeken voordat het straks niet meer kan.

Valery was met haar meegegaan de stad in. Ze liepen samen over de Kettingbrug terug naar Boeda. 'Het zou wel eens de laatste keer kunnen zijn dat we over deze brug lopen,' zei Valery. Ook dát zou ze zich blijven herinneren – omdat het zulke profetische woorden bleken.

Het was 24 december 1944. In de namiddag was ze uitgenodigd bij de familie Saternus voor het eten. Er ging nog een tram naar de Labanc utca, aan de uiterst westelijke rand van de stad. Mechtild had wat vlees weten te bemachtigen, dat op een pitje stond te stoven. Meneer Saternus trok een fles wijn open die hij speciaal voor de gelegenheid had bewaard. Even leek alles als vroeger, heel lang geleden, toen er nog geen oorlog was. Langzaam voelde ze zich ontspannen. Ze wilde nergens aan denken op deze kerstavond.

Af en toe hoorden ze het geluid van schoten. Maar dat gebeurde wel vaker, dus sloegen ze er weinig acht op. 'Vrede op aarde!' zei ze spottend toen het geknal één keer van wel heel dichtbij kwam.

Na het eten speelde Mechtild kerstliederen op de piano. Terwijl Anna luisterde, onderuitgezakt in de luie stoel van meneer Saternus, voelde ze plotseling hoe moe ze was. Ze had te veel gerend, was mager geworden. Ze had erg veel zin in vakantie, in skiën.

Opeens werd er hard op de deur gebonkt. Mechtild hield op met spelen, iedereen zat rechtop op zijn stoel. *Béng-béng-béng*, klonk het opnieuw. Meneer Saternus aarzelde, maar deed toen open. Er stonden twee soldaten in de gang. Het waren geen Duitsers. Ze hadden bontmutsen op en zeiden: '*Nemetskië soldaty*'?

Meneer Saternus wees op Mechtild, mevrouw Saternus en haarzelf. Alleen wij zijn hier, gebaarde hij.

'*Soldaty*?' vroegen de mannen weer.

'*Njet*,' zei meneer Saternus.

De soldaten keken even de kamer rond. Ze waren goed gekleed en maakten een keurige indruk. Het was in orde, gebaarden ze. Toen draaiden ze zich om en vertrokken.

De Russen! Ze begrepen er niets van. Die zouden toch vanuit het oosten komen? Wat deden ze hier, aan de westkant van Boeda? Was de stad al omsingeld? Waar waren de Duitsers? Was er geen verdediging? En hoe ver waren de Russen dan al opgetrokken? Waren deze soldaten misschien alleen verkenners geweest, kwamen er straks meer?

Meneer Saternus zette de radio aan, maar op de Hongaarse zenders klonk alleen kerstmuziek en in het buitenland wisten ze nog van niks.

'Ik moet naar huis,' zei Anna.

Iedereen keek haar stomverbaasd aan. Was ze gek geworden? Dat was toch veel te gevaarlijk? Maar ze viel niet om te praten. Ze kon niet anders. In de Pauler utca had ze de kostbaarheden liggen van de families Perint, Stein en ook nog anderen. Ze had er papieren van de Zweden, haar eigen spullen en documenten. En straks waren er misschien overal Russen.

Even later liep ze door de pikdonkere stad. De straten waren verlaten. Ze liep dicht langs de huizen, de Labanc utca uit. Dan langs Szépilona, waar ze een uitgebrande tank zag staan (van wie? wat was er gebeurd?) en vervolgens de lange Budakeszi út af. Steeds naar beneden, in de richting van de Donau. Het was zeker een uur lopen naar de Pauler utca.

Vlak voor het Sint Jánosziekenhuis, ongeveer halverwege, hield ze haar pas in. Op het plein voor het ziekenhuis zag ze een paar tanks staan. Er waren ook Duitse soldaten, hoewel niet veel. Was dit de verdediging? Ze moest erlangs. Niet opkijken, niet opvallen, gewoon doorlopen. Elk moment verwachtte ze nageroepen te worden. Een schijnwerper in haar gezicht.

'Ik ben er hoor,' zei ze door de telefoon tegen Mechtild nadat ze was thuisgekomen. 'Niks aan de hand, het ging prima.'

Het was de laatste keer dat ze de familie Saternus kon bellen. Een paar dagen later woonde Mechtild in door de Russen bevrijd stadsgebied en zat zij vast in het laatste Duitse deel van Boeda, samen met tienduizenden soldaten die zich van alle kanten omsingeld wisten.

De huishoudster van het pension, Elisabeth, waarschuwde haar, vlak voor oud en nieuw. Er waren Pijlkruisers aan de deur geweest. Ze zochten haar. Gelukkig was ze niet thuis geweest. De huishoudster had gedaan of ze van niets wist, zei ze.

Ze had het kunnen verwachten. Sinds ze met de oude joodse dames was opgepakt, wisten de Pijlkruisers wie ze was. Toch had ze niet gedacht dat zij haar op de Pauler utca zouden komen zoeken. De Pijlkruisers hadden haar naam, maar geen adres; in het telefoonboek stond ze ook niet. Het was haar een raadsel wie of wat hen naar het pension had geleid, zeker nu het overal zo'n chaos was in de stad.

De tassen met kostbaarheden van haar joodse vrienden bracht ze naar mamuka op de Marczibányi tér. Maar waar ze zelf zo snel naar toe moest, wist ze niet. Otto had gezegd dat ze altijd bij hem mocht komen, in het Szikla Kórház: het noodziekenhuis onder de burcht van Boeda. Ze zou er kunnen doorgaan voor zijn vrouw; niemand zou iets vragen. Maar ze wist niet of ze wel naar Otto wilde, met zijn speldenknoppupillen. Bovendien zag ze ertegen op om in het ondergrondse ziekenhuis te moeten bivakkeren. Ze was er een paar keer geweest. Er waren geen ramen, je kreeg er geen lucht, de patiënten lagen zij aan zij in lage, schemerige tunnelgangen en er hing een misselijkmakende geur van verbrand vlees.

Ze besloot naar Géza te gaan. Van alle mensen die ze om hulp had kunnen vragen, koos ze Géza. Vertrouwde ze hem het meest, nu het er echt op aankwam? Of was ze opportunistisch, hoopte ze nog één keer haar voordeel te doen met zijn connecties?

Eén ding was zeker. Ze wist dat hij alles zou doen om haar te helpen.

Hoe ze met Géza over de Ferenc Józsefbrug naar Hotel Gellért rende. Ze lagen onder vuur. Een vliegtuig schoot op hen. Wat voor een vliegtuig, van wie? De machine vloog laag over. Inslagen links en rechts en voor en achter. Elk moment verwachtte ze te worden geraakt, voorover op straat te klappen. Maar tot haar verbazing bleven haar benen rennen. De brug af, de Donaukade op, het Gellért in. En Géza kwam achter haar aan, hijgde naast haar uit in de lobby van het hotel, zijn rug gebogen, zijn hand op haar arm.

In het Gellért zat de staf van de Duitse Wehrmacht. 'Daar zoekt niemand je,' had Géza gezegd. En van de Wehrmacht zou ze geen last hebben. Géza regelde een kamer voor haar via de directeur, die hij goed kende. Over de rekening hoefde ze zich geen zorgen te maken, zei hij.

'Ik moet weg uit de Pauler utca,' had ze alleen gezegd. Géza stelde geen vragen; ze had hem eerder verteld dat ze voor de Zweden werkte. Zelf vroeg ze hem ook niets over wat hij deed, hoe hij overleefde. Ze kon zich niet voorstellen dat hij nog op het stadhuis zat en ook maar iets met de Pijlkruisers te maken had.

Precies drie jaar eerder, in december 1941, was ze met haar moeder in het Gellért gaan wonen. Toen had ze er alleen maar uit gewild, naar de stad die lonkte. Nu hield ze zich er schuil, koesterde ze de vertrouwde omgeving – in de hoop dat die haar zou beschermen.

Met oud en nieuw was Géza er. Waar kwam hij vandaan? Waar was zijn vrouw, hoe was het met zijn kind? Het deed er niet toe. Niets leek er meer toe te doen. Géza had een fles champagne meegenomen en ze werden dronken, zoals iedereen in het hotel. Er vielen bommen, er klonk luchtalarm, maar het feest ging door.

Het was een merkwaardig gezelschap dat die nacht door de gangen en zalen van het Gellért zwierf: zingende Wehrmacht-officieren, oude Hongaarse adel, door de Russen weggejaagd van het platteland, een enkele verdwaalde buitenlandse gast. Cynisch toostten ze op het nieuwe jaar en lachten ze dat het vuurwerk buiten spectaculairder was dan ooit.

Tegen de ochtend kroop ze op haar kamer dicht tegen Géza aan; zelfs toen er een bominslag vlakbij klonk en de kroon-luchter aan het plafond begon te schudden, maakten ze geen aanstalten om naar de schuilkelder te gaan.

Met veel lawaai vielen de Pijlkruisers de schuilkelder binnen. Wisten ze dat zich in het Gellért ook mensen hadden verstopt? 'Controle,' hoorde Anna roepen. Iedereen moest zijn papieren laten zien.

Er zaten misschien wel honderd hotelgasten in de grote kelder; tijdens de eerste week van januari 1945 werd Boedapest heviger gebombardeerd dan ooit. In het tumult dat ontstond, zag Anna kans weg te glippen. Onder het Gellért bevond zich een labyrint van gangen, kelders en opslagplaatsen. Ze rende, trok deuren open. Er moest ergens een nooduitgang zijn. Maar welke kant ze ook op ging, elk spoor liep dood.

Toen hoorde ze het gestamp van laarzen achter zich.

'Boom, Anna,' las een van de Pijlkruisers hardop voor uit haar paspoort. De mannen herkenden haar naam. Samen met nog zo'n zeven anderen werd ze de kelder uit gevoerd, de trap op, naar de foyer van het hotel, de grote ontvangsthal met de acht dikke, marmeren zuilen rondom. Vroeger dronk ze daar vaak koffie met haar moeder. Nu moest ze er naast de andere arrestanten in een rij gaan staan.

Straks zouden ze hen naar de Donau laten lopen en daar doodschieten, dat wist ze zeker.

Terwijl ze in de hal stonden, klonk er weer luchtalarm.

Daarna geknal en gedreun, vlakbij. De grond schudde. Er leek een zijvleugel van het hotel te zijn geraakt. De Pijlkruisers die hen onder schot hielden, keken even vertwijfeld om zich heen.

Misschien was dit haar kans.

Ze had gezien dat iets verderop in de hal een officier van de Wehrmacht stond. Hij had naar hun groepje staan kijken. Een dikke, blonde man. Nu de bommen wel heel dichtbij vielen, liep hij weg, in haar richting. Toen hij wilde passeren, stapte ze uit de rij.

'*Entschuldigung*,' zei ze.

De man keek haar verbaasd aan, maar bleef staan. De Pijlkruisers reageerden niet; tenslotte waren de Duitsers de echte bazen.

Ze zou nooit vergeten wat ze toen zei. Ook meer dan vijftig jaar later kwamen de woorden nog als vanzelf terug, in het Duits.

'Ik ben in Freiburg geboren. Ik ben opgepakt. Het wordt mijn einde. Kunt u me helpen?'

De officier nam haar van top tot teen op. Hij had erg lichte ogen.

'Hebt u gespioneerd?' vroeg hij.

'Ik heb voor het Zweedse Rode Kruis gewerkt.'

De directeur van het Gellért kwam erbij staan.

'Wij kennen deze vrouw al lang,' zei hij. 'Ze heeft niets gedaan.'

'Goed,' zei de Duitse officier toen. 'Ik zal u helpen. Ik laat u arresteren en neem u mee. Als u uit het zicht bent, laat ik u gaan. Daarna moet u het zelf uitzoeken.'

De man riep twee soldaten bij zich, die haar bij de arm namen en wegvoerden. Zelf ging de officier ook mee. Ze liepen naar een zij-ingang van het hotel. Op straat lagen doden, zag ze, slachtoffers van de laatste bombardementen. Er stond een auto. Ze moest instappen, maar al na een paar honderd meter, vlak voor de Donaukade, stopte de auto weer.

'Meer kan ik niet voor u doen,' zei de officier.

Ze zei dat ze nooit zou vergeten wat hij voor haar had gedaan. Toen stapte ze uit.

Het was 7 januari 1945, er lag een paar centimeter sneeuw. Ze begon te lopen, zo vlug ze kon. Langs de Donau waren zandzakken opgestapeld, Duitse soldaten lagen er achter hun mitrailleurs. Er werd geschoten, ze moest dekking zoeken. Zaten de Russen al aan de overkant? Ze wist het niet. Ze moest erlangs. Ze moest een stuk langs de Donau en dan omhoog, via de Attila út, naar de burcht. De enige plek waar ze nu nog naar toe kon, was het Szikla Kórház waar Otto werkte.

Nog geen halfuur na haar vertrek werden de andere arrestanten door de Pijlkruisers bij de Donau doodgeschoten.

Ze kon niet tegen bloed. Als ze ook maar een klein wondje zag, begon haar maag te draaien. Maar in het ziekenhuis kon ze er maar beter aan wennen. Ze gleed er uit over de bloedplassen.

Nog nooit had ze zich zo opgesloten gevoeld. Het Szikla Kórház was een doolhof van ondergrondse gangen; op een paar plaatsen waren grotere, gewelfde ruimtes in de tufstenen rotsen uitgehakt die dienden als ziekenzalen, keuken, of kamertjes van de verpleging. Overal zaten en lagen patiënten, op bedden, op brancards, op de grond. Het was er warm en benauwd en de stank ging in haar haar zitten.

Ze had een witte jas aan en was vanaf nu 'zuster Anna', de vrouw van dokter Gratz. Veel wist ze niet van de verpleging, maar ze kon zich wel nuttig maken, ook al was er in het ziekenhuis vrijwel geen schoon verband meer, geen jodium, geen penicilline, geen enkele pijnstiller. Ze rende heen en weer met po's, bracht de patiënten water als dat er was, knipte een oud laken in repen zodat ze die als verband konden gebruiken. Maar vaak ook kon ze niet meer doen dan bij iemand zitten en een hand vasthouden. 's Nachts hoorde ze grote kerels huilen en roepen om hun moeder.

Naar buiten kon ze bijna nooit. Juist de burcht, waar de meeste Duitsers zich hadden verschanst, lag constant onder vuur van de Russen. In het ziekenhuis, diep onder de grond, drongen de inslagen niet door, maar op straat was het levensgevaarlijk. Alleen wanneer de Stalinorgels voor korte tijd zwegen, vaak in de vroege ochtend, kon ze er even uit, en hielp ze bij het naar buiten brengen van de overledenen, die op een stapel voor de deur aan de Lovas utca werden gelegd. Dan liep ze vijf meter de straat op, ademde ze heel diep de vrieslucht in, rekte ze zich uit en rookte een sigaret als ze die had; ze was altijd de laatste die weer binnenkwam.

Misschien vond ze dat nog het moeilijkste: dat ze nergens heen kon. Al maanden zat ze gevangen in de oorlog. Maar omdat ze steeds onderweg was, in beweging, had ze de illusie kunnen koesteren dat ze vrij was, dat ze nog altijd zelf bepaalde wat ze wilde. Nu was ze veroordeeld tot afwachten.

Het weinige eten dat er voor het personeel was, deelden ze. Soms kreeg een van de verpleegsters een flesje sterke drank van een patiënt, als dank, en nipten ze dat samen leeg in het artsenkamertje waarin ze bij toerbeurt sliepen. Er werden veel zwartgallige grappen gemaakt; ook zij deed daar quasivrolijk aan mee. Maar ze maakte geen vriendinnen. Het was alsof ze zich pantserde. Een beetje warmte kwam er niet meer doorheen.

Ook Otto hield ze op afstand. Op een dag had ze in de medicijnkast een paar morfineampullen ontdekt, maar ze had nog niet meegemaakt dat de patiënten daar iets van kregen. Er werden zonder verdoving benen en armen geamputeerd; de morfine hielden de artsen kennelijk voor zichzelf. Ze was razend geweest. Soms had ze mensen vast moeten houden tijdens amputaties. Hoe konden ze! Toch had ze niets gezegd, want de artsen stonden voor een onmogelijke opgave: die werkten dag en nacht zonder dat ze veel konden uitrichten.

Het werd februari, 1945. Er was steeds vaker gebrek aan water in het ziekenhuis. Soms, tijdens een gevechtspauze, ging ze met een paar verpleegsters via een nooduitgang aan de

Szentháromság utca naar buiten om een paar emmers te vullen bij een bron op het naburige plein voor de Matthiaskerk. Vanaf daar keek je over de Donau en een deel van Boeda. Voor zover ze kon zien, was alles kapot. De bruggen hingen in het water. De huizen waren verwoest. En nog was het niet voorbij.

❧

Ze had als eerste haar vinger opgestoken. Zo was ze nu eenmaal. Of wilde ze er gewoon uit? Had ze zo naar frisse lucht verlangd dat ze verder niet nadacht?

Een buurman was komen waarschuwen. Er lag een gewonde vrouw bij een huis aan de Lovas utca, niet ver van het ziekenhuis. Een vrouw met een klein kind. Er moest zo snel mogelijk iemand heen.

Ze rende in haar witte jas over de Lovas utca. Veel dekking had ze niet. De Lovas utca was een smalle straat, die aan één kant werd begrensd door de vestingmuur. Aan de andere kant stonden de huizen, die tamelijk hoog lagen en aan de achterzijde vrij uitzicht hadden over de stad. De Russen zaten vlakbij, op een tegenover gelegen heuvel. Het was voor hen vrij schieten op de Lovas utca. Veel huizen lagen in puin.

Ze vond de moeder, in de tuin voor het huis. Ze was zwaar gewond en leek stervende. Het kind, een meisje van een jaar of twee, zat ernaast en was ongedeerd. Ze kon de moeder niet meer helpen, hoe moest ze die dragen? Maar dat kind moest ze meenemen. Snel pakte ze het op. Het meisje huilde.

Met het kind in haar armen rende ze terug over de Lovas utca. Het schieten begon weer. Ze dook ineen, ging plat op straat liggen. Er was een inslag, vlakbij. Een granaat? Ze kroop verder, tot vlak bij de huizen. Het werd weer rustig. Toen zag ze het. Het meisje was geraakt aan de zijkant van haar hoofd. Ze bloedde. Hoe kon dat? Waarom dat kind wel en zij niet? Ze had het willen beschermen! Ze had het goed vastgehouden.

Hoe lang ze daar lag wist ze niet meer. Het was helemaal

stil geworden om haar heen. Ze keek naar het kind. Ze keek alleen nog maar naar het meisje. Eerst was er verbazing in haar blauwe ogen. Daarna niets meer.

In de dagen die volgden, bleef ze in het ziekenhuis. Ze ging niet één keer naar buiten en was ook niet van plan dat nog te doen. Als verdoofd liep ze door de gangen.

'Houdt stand, het Duitse leger zal overwinnen!' hoorde ze Hitler schreeuwen op de radio in een naburig hospitaal – onder de hele burcht liep een wijd vertakt tunnelstelsel – dat de Duitsers in gebruik hadden genomen. 'De bolsjewieken gaan hun ondergang tegemoet!'

In het ziekenhuis werd gezegd dat de Duitsers zich nooit zouden overgeven. En áls ze zich al zouden moeten terugtrekken, zouden ze eerst wraak nemen en de hele burcht in de fik steken. De soldaten zouden het ziekenhuis binnenkomen met hun vlammenwerpers en ze zouden kansloos zijn.

De verhalen konden haar niet bang maken. Het leek of niets haar nog kon raken. Ze bracht de patiënten hun po's en 's avonds viel ze uitgeput in een diepe, droomloze slaap.

Op 12 februari 1945 kwamen de eerste Russen in het ziekenhuis. Het waren officieren van elitetroepen. Ze maakten een verkenningsronde door de gangen, maar hadden niet veel tijd nodig om te constateren dat de toestand hopeloos was. Bij het afscheid van de doktoren waarschuwden ze voor de troepen van het Rode Leger die ná hen zouden komen. 'Doe uw horloges maar af en maak de vrouwen lelijk,' zeiden ze.

De eerste keer dat Anna naar buiten ging om water te halen, wilde ze het liefst meteen weer omkeren. Het plein voor de Matthiaskerk was bezaaid met de lichamen van dode Duitse soldaten. Ze probeerde niet te kijken toen ze langs de lijken liep. Veel lichamen waren gruwelijk verminkt.

De Duitse ss-bevelhebber Karl Pfeffer-Wildenbruch had zijn troepen pas op het allerlaatste moment opdracht gegeven uit te breken. Van de 28.000 Duitse soldaten die toen nog probeerden naar de eigen linies te komen, kwamen er 700 aan.

Geen huis op de burcht stond nog overeind. De straten waren onherkenbaar veranderd, overal lagen grote hopen puin. Knipperend met hun ogen kwamen de inwoners van Boeda uit hun schuilplaatsen en kelders gekropen. De oorlog was voorbij. Maar veilig waren ze nog niet. De Russische commandanten hadden tegen hun soldaten gezegd dat ze drie dagen lang ongestraft de overwinning mochten vieren – en ook daarna hield hun wraakneming op de Hongaarse 'collaborateurs' niet op. De Russen waren van ver gekomen en hadden veel ontberingen moeten doorstaan. Boedapest was de eerste rijke hoofdstad die ze op de vijand veroverden. Nu was die stad van hen. Ze haalden willekeurig mensen van straat om dwangarbeid te verrichten, in de stad of verder, in het oosten. Ze plunderden de huizen, beroofden de mannen van hun horloges en vulpennen, dronken de wijnkelders leeg en verkrachtten de vrouwen – van meisjes van twaalf tot oma's van tachtig.

Aan de Russen zou Anna niet graag herinnerd worden. Over de eerste drie dagen na de zogenaamde bevrijding sprak ze al helemaal nooit. Ze wist ook niet of ze wel kon spreken over wat er toen was gebeurd.

Het pension in de Pauler utca was zwaar beschadigd door de bombardementen en daarna waren de Russen langs geweest. Op een paar kleren en schoenen na, grijs van het stof, kon ze bijna niets van haar bezittingen terugvinden. Ook haar dagboek was weg.

Anna besloot voorlopig in het Szikla Kórház te blijven. Haar hulp was er hard nodig en waar moest ze anders heen? Iedereen had nu genoeg met zichzelf te stellen. Bovendien was het nog steeds gevaarlijk om als vrouw alleen over straat te gaan en in het ziekenhuis had ze tenminste Otto nog.

Ongeveer een week na de komst van de Russen verscheen Dóra's oudste zuster Magda onverwacht in het ziekenhuis. Mamuka en zij hadden de belegering goed doorstaan; de villa op de Marczibányi tér stond nog overeind. Magda vertelde dat Dóra sinds half januari in het Zweeds gezantschap op de Minerva utca had gebivakkeerd en dat ze daar nu doodziek op bed lag. Misschien kon Otto iets voor haar doen?

Anna wilde mee. Het was de eerste keer sinds de komst van de Russen dat ze zo'n eind door Boeda liep – of wat daar nog van over was. In geen enkel huis zaten nog ramen. Op veel plekken lag het puin metershoog. Bij één pand was de complete voorgevel weggeslagen, zag ze, zodat je er recht naar binnen keek, als in een poppenhuis. Aan het plafond bungelde nog een lamp.

De villa van de Zweden was ook door de Russen geplunderd. Overal etensresten, geopende conservenblikken, lege wijnflessen, kleding, legerlaarzen, smerige dekens, uitwerpselen. Zelfs het bureau van de Zweedse minister had gediend als wc.

Ze vonden Dóra liggend op bed, ze had dysenterie en was erg verzwakt. Toch was ze blij hen te zien.

'Zusje! Wat ben je mager!'

Ze moest er verschrikkelijk uitzien, bedacht Anna. Het was lang geleden dat ze in een spiegel had gekeken en ze droeg nog steeds de smerige kleren die ze aanhad toen ze van het Gellért naar het Szikla Kórház was gerend.

Otto gaf zijn nicht een injectie met morfine, veel meer kon hij niet voor haar doen. Dóra vertelde dat ze nog de enige 'vertegenwoordiger' was in het Zweedse gezantschap; de Zweden zelf waren een voor een vertrokken en hadden het beheer van het gebouw aan haar overgelaten. Ze had gehoord dat

Wallenberg zelf verdwenen was. Hij was begin januari met zijn chauffeur op weg gegaan naar Debrecen om met de Russen te praten en sindsdien was er niets meer van hem vernomen.

Ze had doodsangsten uitgestaan met de Russen, zei Dóra. Een paar keer waren alle bewoners van het gezantschap tegen de muur gezet – voor de grap, naar later bleek. Dronken soldaten hadden door de gangen gezwalkt en geschoten op alles wat hun niet beviel.

Lang konden ze niet bij Dóra blijven. Ze moesten terug naar het ziekenhuis, er was te veel werk. Pas toen ze wegliepen, zag Anna dat onder Dóra's bed een hond lag. Het bleek Jimmy, de vroegere pup van de familie Gratz, die Marcel Sonnenberg ooit aan John had gegeven, waarmee voor Dóra en haar het hele verhaal met de Zweden begonnen was.

Kort daarna werd het dier doodgeschoten door een Rus toen het enthousiast tegen zijn benen opsprong.

Zo moest haar vader zich hebben gevoeld, zijn laatste dagen. Het leek of ze over de hoogste bergtoppen in de Himalaya liep; elke stap die ze zette vereiste een enorme krachtinspanning. 's Nachts zat ze rechtop in haar bed en snakte ze naar adem.

Het was een zware longontsteking, zei Otto. Ze moest weg uit het ziekenhuis, frisse lucht inademen.

Een kennis hielp haar aan een kamertje in het huis van Lars Berg, een van de gevluchte Zweedse diplomaten. Het huis stond aan de Lovas utca, niet ver van het rotsziekenhuis, en was nog goed bewoonbaar. Een wat ouder Hongaars echtpaar paste er op de spullen.

Nu was ze echt alleen. Af en toe kwam Otto eten brengen en praatten ze wat, maar dan ging hij weer en lag ze daar, koortsig en hoestend. Penicilline was niet te krijgen. Het kamertje had één raam, ze had uitzicht op een bouwval.

Ze sliep veel, dan ging de tijd vanzelf voorbij. Maar het

gebeurde ook vaak dat ze urenlang rusteloos lag te draaien, totdat ze het niet meer uithield en opstond om een stukje te gaan lopen, haar kamer op en neer, naar het einde van de gang en weer terug. Op een middag had ze de nertsmantel van mevrouw Berg aangedaan die nog in de hal hing en was ze de straat op geschuifeld; de eerste vogels maakten nesten tussen de ruïnes.

Zeker een week lag ze in het huis van Berg. Langzaam knapte ze op. Op een ochtend waste ze zich langzaam en uitgebreid. Ze kamde de klitten uit haar haar. Ze kon alweer een beetje lezen.

Toen kwam Géza. Volkomen onverwacht stond hij voor haar. Hij was niet mager geworden, zag er ook niet ouder uit. Terwijl hij breed lachte, spreidde hij zijn armen om haar te omhelzen.

Hoe had hij haar gevonden? Hoe was het hem gelukt om vanuit Pest over een van de geïmproviseerde bruggen over de Donau te komen? Het deed er niet toe. Hij was er. Hij rook als vroeger en zijn aanwezigheid vulde de hele kamer.

Ze vertelde over het Gellért, de Pijlkruisers, haar vlucht en het ziekenhuis. Het viel haar zelf ook op hoe kort en nuchter ze haar relaas deed – alsof het niet haar was overkomen, maar een ander.

'En jij?' vroeg ze al snel.

Géza vertelde dat hij tijdens de belegering in de kelder van zijn huis aan de Teleki Pál utca had gezeten, samen met zijn vrouw, dochter, moeder en zuster. Het appartement van zijn familie op de derde verdieping was bij een bominslag verwoest. Nu werkte hij weer, hij hielp bij voedseltransporten van de gemeente, waarvoor de Russen een vrachtwagen beschikbaar hadden gesteld. 'Dankzij mij hebben de scharminkels uit onze dierentuin weer wat te eten,' lachte hij.

En wat ging zij nu doen? wilde Géza weten.

Ze zei dat ze geen idee had. 'Mijn kamer in de Pauler utca is kapot.'

Dat had hij gezien, zei Géza. En hij had ook al iets voor haar bedacht. Hij kende een Duitse vrouw die kamers verhuurde, mevrouw Artner. Ze woonde op de Ferenc József rakpart in Pest, aan de Donau. Als ze wilde, kon hij vragen of ze nog iets vrij had.

~

Ze zaten onder de luizen, zoals iedereen. Op het smalle, groezelige bed in het kamertje van mevrouw Artner lagen ze vaak samen te krabben – want als de één begon, kreeg de ander ook meteen jeuk.

Anna zag Géza graag komen 's nachts. Het was nog altijd niet veilig in de stad. De buren op de Ferenc József rakpart waarschuwden elkaar met belletjes als er dronken Russische soldaten waren gezien. Je kon maar beter een man naast je hebben en ze had liever Géza dan Otto.

Waarom Géza haar opzocht, wist ze niet. Hield hij nog steeds van haar? Wilde hij haar beschermen? Of was hij zelf bang? Géza had altijd gewaarschuwd voor de communisten. Nu waren de Russen overal en het zag er niet naar uit dat ze snel zouden vertrekken. Soms dacht Anna dat Géza haar ook graag wilde blijven kennen omdat ze uit het Westen kwam. Misschien vreesde hij dat zijn stad nooit meer van hem zou worden, dat hij op een dag weg zou willen. En dan kon hij maar beter contacten hebben in Europa.

Ze klampten zich aan elkaar vast, maar konden niet meer vinden wat er vroeger was. Nog voordat de lente doorzette, was hun hereniging alweer voorbij.

Tijdens die dagen in het kamertje op de Ferenc József rakpart moest ze het zich hebben voorgenomen. Ze wilde alles vergeten. Ze wilde niet meer denken aan de joden die ze had gezien op weg naar Komárom, aan de Pijlkruisers en de oude dame met de clownsmond, aan de schreeuwende gewonden in het

Szikla Kórház, aan de kapotgeschoten lijken op de burcht. Ze moest verder, ze moest op de puinhopen iets nieuws bouwen – al had ze nog geen idee wat, laat staan hoe.

DERDE DEEL

[9]

Boedapest — Salzburg *1945-1946*

Ze zou naar haar moeder moeten verlangen. Opgelucht zou ze het verwoeste Boedapest achter zich moeten laten. Maar hoe vaak Anna zichzelf ook voorhield dat het tijd werd om naar Amsterdam te gaan, ze deed niets. Ze slingerde op een fiets tussen het puin door, ging op bezoek bij de familie Saternus en andere kennissen, sliep veel – en stelde elke beslissing uit.

Werk had ze niet; de opera was gedeeltelijk verwoest en Tivi had niets voor haar te doen. Ze leefde van de paar 'Napoleons' die haar moeder haar had toegestuurd, Franse gouden tientjes die in Boedapest veel pengö's waard bleken. Wel kreeg ze regelmatig een klusje toegespeeld via Dóra, die in de zomer van 1945 was gaan werken voor de Allied Control Commission in Hungary, een geallieerde organisatie die onder supervisie van de Russische bezettende macht toezicht hield op de uitvoering van het vredesverdrag. Dóra zat er op een afdeling voor reisdocumenten. 'Wil je een pakje voor me wegbrengen?' had Dóra gevraagd – en voor ze het wist was ze weer koerierster.

Op het kantoor van Dóra leerde ze een aantal Amerikanen en Engelsen kennen, onder wie Freddy Redward, een gemoedelijke, pijp rokende Engelsman met wie ze vaak een borrel ging drinken in de Allied Mission Club, een sociëteit voor geallieerde diplomaten en officieren die was gevestigd in een patriciërshuis aan de Körut in Pest. De westerse afgevaardigden konden zich daar na een dag in de geruïneerde stad ontspannen zoals ze dat thuis gewend waren. In een hoek speelde een brassbandje 'When the Saints go Marching in'; de Schotse whisky vloeide rijkelijk. Wanneer Anna er met Freddy Redward en zijn Hongaars-Joegoslavische vriendin aan de bar hing – een sigaret en een wodka in haar hand – kon ze zich niet voorstellen dat het nog maar een paar maanden geleden was dat ze met smerige po's door het Szikla Kórház rende. Ze had haar haar opnieuw gekruld en danste weer. Liefst vierde ze elke avond feest, al was het maar om te vergeten.

Ze kon niet terug, hield ze zichzelf voor. Het spoorwegnet was nog grotendeels verwoest; door Duitsland viel al helemaal niet te reizen. Er waren wel Nederlanders die met een konvooi van het Rode Kruis op weg waren gegaan naar Holland, via een ongewisse omweg, maar ze had weinig zin gehad zich daarbij aan te sluiten. Bovendien – en dat vormde het lastigste probleem – was ze haar paspoort kwijt. Omdat in Boedapest nog geen consulaat was geopend dat de belangen van Nederlanders behartigde, had ze geprobeerd haar paspoort te verlengen op het Hongaarse ministerie van Buitenlandse Zaken. Maar daar was het zoekgeraakt of gestolen en elke keer wanneer ze zich daarover kwam beklagen zei een vermoeide ambtenaar dat hij het ook niet wist en dat het nu eenmaal moeilijke tijden waren.

Drie jaar lang had ze haar moeder niet gezien. Na een aantal telegrammen en kaarten te hebben verstuurd, schreef Anna haar in augustus 1945 voor het eerst een lange brief. Ze logeerde bij Mechtild en kon op een middag de typemachine lenen. Het was stil in huis; de Saternussen zouden pas 's avonds weer terugkomen. Toch kostte het schrijven haar veel moeite. Blaadje na blaadje scheurde ze uit de machine. Ze had het altijd moeilijk gevonden eerlijk te zijn tegen haar moeder. Maar nu wist ze helemaal niet wat ze moest zeggen. Ze kreeg de Anna van vroeger, die haar moeder nog kende, en de Anna van nu, die ze zelf nauwelijks begreep, niet meer bij elkaar. Bovendien had ze haar moeder altijd geschreven op een bakvisachtige 'nietsaandehand'-toon – 'Zeg mams, wat ik nu weer voor grappigs heb meegemaakt' – in een poging al haar moeders zorgen en bezwaren bij voorbaat weg te nemen, maar die toon bleek niet erg geschikt om uit te drukken wat haar was overkomen. En dan dat rottige Nederlands! Meer dan eens dacht ze in het Duits en kon ze niet op het juiste woord komen; de spelling leek ze al helemaal kwijt.

Budapest, Labanc utca 12, 27 augustus 1945
Mijn lieve, allerliefste mams, eindelijk een uitzicht u zelf een brief te schrijven. Ik hoop dat het aankomt. Mams, ik heb twee antwoorden op mijn berichten aan u gekregen en ik kan u niet zeggen hoe gelukkig ik ben, eindelijk iets te horen van u, want wat ik doorgemaakt heb in die tijd dat ik niets van u hoorde, kan u u niet voorstellen. Ik had de allerverschrikke-lijksten ideeën van wat er allemaal in Holland gebeurd is, en wat de Deutschers er nog gedaan hebben, wat heeft u alles doorgemaakt, hoe ziet mijn mams eruit, wat is de gezond-heit, nu zal het niet meer zo lang duren en we kunnen naar Meran en het Zuiden.
Nu zal ik vertellen hoe het met me gegaan is, sinds de Russen arriveerd zijn. 24 december was ik ingeladen bij Saternus, om 4 uur was het hier al zo een geschiet en militair dat ik als een haas naar de Pauler utca rende, want daar had ik toch alles, toen ik een uur later naar de Labanc u. terug telefoneerde waren de Russen al daar, toen kregen we in de Pauler u. een regen van harte dingen, dat ik mijn rugzak en een kleine koffer pakte en daarmee in het grotten ziekenhuis onder de burcht vluchtte, daar was een goede kennis, de neef van Gratz, die daar dokter was en reuze aardig en lief voor me was, en ik werd toen in een kleine kamer met 5 andere doktoren en een verpleegster gestopt en toen begon het mooie leve, mams, dat kunt u u niet voorstellen wat we daar allemaal meegemaakt

*hebben. Ik werd direct als hulpverpleegster in een militair-
zaal gekommandeert, en nu mams lach, nee lach niet, u kleine
dochter die toch nooit bloed zien kon, moest nu zelf met een
dokter zonder assistent amputeren, hoogst gemoedelijke tijd
en die duurde tot ongeveer 15 februari. Oh, er is zoveel gebeurd,
dat alles te schrijven is onmogelijk.*

*Toen de Russen er waren, moest ik een kamer zoeken, want
de Pauler utca is kapot, Boeda is helemaal kapot, alleen die
buurt waar Saternus wonen niet, de bruggen zijn allemaal in
de lucht en Pest staat driekwart. Ik heb nu een kamer in Pest
bij een heel aardige dame, maar ben nu een paar dagen bij de
Saternussen, om vrische lucht te snappen. Het is te wonderen
hoe gauw Pest niet weer opleefd, alles bios, teaters, winkels
die nog staan zijn geopend, maar alles is zo rasend duur dat
geen mensch er iets van heeft. Ik ben veel ingeladen met de
Engelsen en Amerikanen, ben haast de enigste die met de
auto aldoor heen en weer rijd, wat reuze is, ben ook veel ten
eten gevraagd in de mission en zondag gaan we met de auto
altijd ergens heen zodat ik eigenlijk een volkomen leven heb,
en ik erg gelukkig zijn kon, als ik wist ik kan volgende week
bij mijn mams zijn.*

*Ik probeer alles naar Holland te komen, maar met het vlieg-
teug is het onmogelijk, maar ik denk dat het binnenkort met
een of andere wagen toch wel gelukken zal. Dan nog iets, mijn
pas is ongeveer tussen de tiende en vijftiende augustus gestolen, met alle papiere, verschrikkelijk, het is hier bij de policie
al aangemeld. Nu krijg ik legitimaties van de Hongaren,
maar geen pas, en ik moet er een hebben, hier in Hongareie
ook in Oostenrijk is er niemand die de Hollandsche interes-
sen waarneemt, het naast gezantschap is men zegt in Buca-
rest. Daar kan ik niet heen zonder pas, dus wat moet ik doen,
hier weet kip iets, want de Engelsen en Amerikanen kunnen
niets doen. Onder de brief schrijf ik de adressen aan wien
men schrijven kan, want direct aan mij gaat het niet. Van
tante Gondy hoorde ik nog niets, van de oude meneer Hörbe*

kreeg ik een brief, die arme Karl is sinds 6 december vermist,
verschrikkelijk, maar ik hoop aldoor nog, dat hij misschien
gevangen is.

Van hier zijn haast alle Hollanders weg, konden hun goed niet
meenemen, de helfde zegt men zit in Constantinopel, de andere
helft in Odessa, verschrikkelijk.

Ik zie er goed uit, niet te mager als u dat misschien denkt, met
een verkoudheid ben ik door de winter gerutscht. Als u enige
mogelijkheid ziet me een paar Engelse ponden te sturen, zou
dat reuze zijn, dollar is ook niet slecht, ik zal u later vertellen
waarom, en het terugbetalen, maar probeer dat mams in ieder
geval, doe alsof ik geen geld heb. Nu mams ik eindig voor
vandaag en voor niet te lang wat u en ik hoop. Veele kussen
en stikomhelzingen van uw zo liefhebbende Anna.

Soms leek het in haar hoofd net zo'n puinhoop als in de stad.
Het lukte haar niet verder dan een dag vooruit te kijken. Ze kon
zich ook nog niet losmaken van Boedapest. Gelukkig of niet
gelukkig: ze had er haar vrienden en werd er omringd door
mensen die hetzelfde hadden meegemaakt als zij. Wie was ze
nog wanneer ze dat weer allemaal achter zich zou laten?

Dóra had zich door niets laten tegenhouden. Op 27 mei 1945
pakte ze het hoogstnodige in een rugzak, deed haar wandel-
schoenen aan en vertrok naar Oostenrijk om haar kinderen te
zoeken. Ze had al meer dan drie jaar niets van hen gehoord en
had geen idee waar ze waren. Ze wist dat het spoornet zwaar
beschadigd was en dat ze grote stukken zou moeten lopen.
Toch stapte ze zodra ze kon op een trein in de richting van
Wenen.

'Ik moet erheen, Anna,' had ze gezegd toen ze op een avond
samen in de tuin van de villa op de Marczibányi tér zaten. 'En
ik kom niet zonder mijn kinderen terug.'

Wekenlang was het stil. Anna dacht vaak aan Dóra. Ze zou alles doen voor haar kinderen, dat wist ze zeker. Het moest mooi zijn als je zo onvoorwaardelijk kon liefhebben, zo zonder bedenkingen of obstakels. Ze zou dat ook graag willen meemaken. Kon zo'n liefde alleen tussen ouder en kind bestaan? Of ook tussen man en vrouw? Zelf wilde ze ook kinderen, ooit. En dan niet één, zodat het eenzaam zou opgroeien als zijzelf, maar een paar. Ze wilde een huis vol lawaai en vrolijkheid.

Begin juli – Dóra was zes weken weg – begon ze zich zorgen te maken. Had ze haar kinderen niet kunnen vinden? Waren ze dood? Regelmatig ging ze naar de Marczibányi tér om te vragen of er al nieuws was. Gustav Gratz, de vader van Dóra, was half juni thuisgekomen. Na zijn vrijlating uit Mauthausen in het najaar van 1944 had hij de laatste oorlogsmaanden bij zijn dochter in Wenen gewoond. Daar had hij begin juni Dóra ontmoet, die na een reis van ruim drie dagen tot ieders verrassing in Oostenrijk was aangekomen. Maar Dóra was niet lang in Wenen gebleven, vertelde Gustav Gratz. Al na twee dagen vertrok ze naar Leibnitz, de laatste Oostenrijkse plaats waar ze met haar ex-man en kinderen had gewoond. Sindsdien had ook de familie Gratz niets meer van Dóra gehoord.

Het zou nog lang duren voordat Anna begreep wat er daarna precies was gebeurd, want toen Dóra uiteindelijk op 17 juli terugkeerde in Boedapest, smerig en vermagerd, had ze het zo druk gehad dat ze haar verhaal slechts in grote lijnen had kunnen vertellen. Pas toen Anna jaren later het dagboek las dat Dóra in die tijd had bijgehouden, kon ze zich een voorstelling maken van de wanhopige zoektocht die haar vriendin had ondernomen.

In Leibnitz, vlak bij de grens met Slovenië, vond Dóra haar vroegere huis terug. Maar haar ex-man, zijn nieuwe vrouw en de kinderen bleken twee maanden eerder met onbekende bestemming te zijn vertrokken. Het huis werd nu bewoond door Joegoslavische partizanen. In de tuin ontdekte ze op een vuilnisbelt een film die ze in 1941 van haar kinderen had gemaakt. Kleuters waren het toen nog. Nu waren de jongens al acht jaar oud, en de meisjes zeven en vijf.

De verhalen die ik hoor van kennissen in Leibnitz, leveren een deprimerend beeld op,

schreef Dóra in haar dagboek.

Het tweede huwelijk van Lohberger was vanaf het begin ook ongelukkig omdat de vrouw heel jaloers was en de man zich meestal buitenshuis vermaakte. Toen het eigen kind van de tweede mevrouw Lohberger geboren werd, begon ze haar stief-kinderen te verwaarlozen. Ze behandelde hen slecht, sloeg hen, sloot hen op in het konijnenhok om niets en gaf hun niet genoeg te eten. Voor haar gedrag moest ze zich zelfs voor de rechter verantwoorden, maar omdat ze een vrij hoge positie had in de partij werd de hele zaak toegedekt.

De ex-man van Dóra werkte tijdens de oorlog als ingenieur bij de Reichsarbeitsdienst (RAD), een hulpleger van de Wehrmacht. Nu zat hij waarschijnlijk vast in een interneringskamp. Dóra reisde daarom alle RAD-kampen in het land af. Ze zat dagen-lang in overvolle treinen, sliep op stationsvloeren en in hooi-bergen en onderhandelde urenlang over permits om de gren-zen tussen de Amerikaanse, Engelse en Russische zones over te steken. In Frauenberg klom ze op een middag recht tegen een hoge berg op – zonder zich de tijd te gunnen eerst een pad te zoeken – omdat ze had gehoord dat zich in een klooster op de top een RAD-kampement zou bevinden. Eten deed ze nauwe-lijks omdat ze de paar conserven die ze in haar rugzak had, wilde bewaren voor haar kinderen. Uiteindelijk leidde het spoor naar een kamp in Tamsweg, een bergdorp in het zuidelijkste puntje van het Salzburgse land.

Ze moeten in Tamsweg zijn. In de Britse zone. Waarom zou hun vader verder met ze zijn getrokken? Misschien weet ik morgen rond deze tijd alles van ze. Onderweg kom ik steeds mensen tegen die ook op zoek zijn naar familie. Dwangarbeiders, vluchtelingen, ex-kampgevangenen: iedereen wil naar huis. Je moet ook wel een heel goede reden hebben om op weg te zijn onder deze omstandigheden.

Maar toen Dóra in Tamsweg aankwam, bleek het RAD-kamp daar te zijn opgeheven en wist niemand bij de autoriteiten – Oostenrijks, Brits of Amerikaans – waar haar familie kon zijn. Toch gaf Dóra niet op. Misschien bewonderde Anna dat nog het meest in haar. Ze bleef nuchter en ging vastberaden op haar doel af.

Dagenlang hing Dóra rond in de buurt van Tamsweg, in de hoop dat ze iemand zou tegenkomen die toevallig haar kinderen had gezien. Ze werd uitgenodigd voor koffievisites en lunches, maakte overal nieuwe kennissen en vertelde keer op keer haar verhaal. Totdat ze op een middag toevallig een oude RAD-kennis van haar ex-man tegenkwam, die haar vertelde dat hij haar kinderen een paar dagen eerder in een kamp in Sint Michaël had zien rondlopen.

Ik fiets naar St Michaël, ongeveer 12 kilometer verderop. Mijn hart zingt omdat ik er zeker van ben dat ik de kinderen nu heel snel zie. Ik let niet op de steile hellingen of de schoonheid van het landschap. Ik vind het kamp snel, het ligt op een heuvel net boven het dorp.

De eerste personen die ik van een afstandje zie, zijn mijn dochters, ze dragen niets anders dan smerige onderbroeken en sjouwen rond met hun zware, kleine stiefzusje. Ik herken ze trouwens niet echt, kinderen van die leeftijd veranderen zo snel en ik heb hen meer dan drie jaar niet gezien. Zij herkennen mij ook niet. Later hoor ik dat hun is verteld dat ik niet meer leef.

Ze zijn verdwenen voordat ik kans heb gezien dichterbij te komen.

Als ik het kamp binnenga, zie ik mijn oudste zoon Helmut; ook hij is vreselijk smerig en draagt alleen een onderbroek, een exemplaar dat ik drie jaar eerder voor zijn kleinere zusje maakte. Hij herkent me ook niet, totdat ik hem vertel wie ik ben. Verlegen brengt hij me bij de barak waar de Lohbergers wonen.

Met de hulp van een Britse commandant wist Dóra de kinderen bij haar ex-man weg te halen. Ze maakte van een oude lap vier rugzakjes en ging met Helmut, Wolfi, Hedwig en Erika op weg naar huis. Voor de oorlog deed de trein er ruim vier uur over van Wenen naar Boedapest. Nu duurde de reis tien dagen. Soms moest Dóra meer dan twintig kilometer lopen met de kinderen. Uitgeput kwamen ze op de avond van 17 juli in Boedapest aan, waarna ze opnieuw een nacht op de stationsvloer moesten slapen omdat er geen tram meer de stad in ging.

Anna zag de kinderen vaak op de Marczibányi tér. Ze leken alle vier op Dóra, pasten zich wonderbaarlijk snel aan en waren tevreden met niets. 's Avonds speelden ze net zo lang verstoppertje in de tuin totdat Dóra ze een voor een uit de bomen kwam plukken. 'Kom hier, apen, slapen!' Ze had Dóra nog nooit zo vrolijk gezien.

Wanneer ik in mijn kamer kom en alle vier de kinderen vredig zie slapen, kan ik nog steeds niet geloven dat we nu echt weer samen zijn. Maar ik moet mijn ogen wel vertrouwen en dank God voor Zijn goedheid. Ik denk aan al die mensen die ik onderweg heb ontmoet, op zoek naar hun familieleden en kinderen, en ik hoop dat ook zij hun geliefden zullen vinden en dan net zo'n glorieuze dag hebben als ik.

'Ik ben mijn familie, Anna,' zei Dóra toen ze op een middag samen thee dronken. 'Waar zij zijn, ben ik thuis.'

Ze kon meerijden met een Amerikaanse militaire jeep die naar Salzburg moest. Dóra zou bij de Control Commission voor reispapieren zorgen; een *allied travel permit* waarmee ze elke grens moest kunnen passeren. Toen was er eigenlijk geen reden meer om niet te proberen haar moeder in Nederland op te zoeken, al wist ze niet goed wat ze verder in Amsterdam moest doen. Maar een goede reden om in Boedapest te blijven was er evenmin.

Begin november 1945 vertrok Anna met de jeep naar Salzburg. Precies een jaar eerder had ze over dezelfde weg gereden toen ze de joden filmde die naar de Oostenrijkse grens moesten lopen. Het landschap zag er net zo koud en kaal uit als toen. In de jeep zakte ze diep weg in haar nieuwe jas van vossenbont, die ze voor weinig geld had gekocht van een Hongaar die geld nodig had. Ze leunde met haar hoofd tegen het raam, voelde hoe intens moe ze was en deed haar ogen dicht.

In Salzburg logeerde ze in hotel The Pitter, in het centrum van de stad, dat was geconfisqueerd door Amerikaanse militairen. Ze mocht er ook mee-eten. Het bewijs dat ze was toegelaten tot de *regimental headquarters kitchen*, afgegeven op 17 november 1945 door eerste sergeant Kay K. Klutz van de 222e infanterie van de us Army, zou ze altijd bewaren, als aandenken aan het luilekkerland waarin ze een paar dagen gulzig had rondgedwaald.

Veel te gulzig. Ze voelde zich leeg en propte zich vol. Op de derde dag kreeg ze hevige buikpijn. Ze moest overgeven, was doodziek. Er werd een dokter bij geroepen. 'Het is het eten,' zei die nadat hij haar had onderzocht. 'De veelheid, het vet. U bent dat niet meer gewend.' Ze werd geel en mocht alleen nog appels en groente eten.

Anna was van plan geweest via München naar Amsterdam te gaan. In Salzburg had ze al gezocht naar vervoer, een militaire jeep of andere auto die richting Duitsland zou rijden.

Het werd winter, de wegen sneeuwden dicht en ze wist dat het een lange, zware reis zou worden. Maar nu was ze zo zwak dat ze drie keer op een stoel moest gaan zitten wanneer ze van haar hotelkamer op de eerste verdieping naar de receptie in de hal liep.

De enige persoon in Oostenrijk die ze kende, was tante Gondy, de vrouw van haar in Boedapest overleden oom Jacques. Tante Gondy werkte als receptioniste in een hotel in het kuuroord Bad Gastein. 'Kom maar hierheen,' zei die toen Anna haar opbelde.

Wekenlang lag ze in een smalle éénpersoonskamer in het hotel van tante Gondy. Buiten sneeuwde het. Vanuit haar raam had ze uitzicht op de witte bergtoppen. Ze herinnerde zich hoe opgetogen ze als kind was geweest wanneer ze met haar moeder ging skiën. Razendsnel klauterde ze tegen de bergen op – liften waren er vaak nog niet – en jodelend kwam ze weer naar beneden. Maar nu deed de sneeuw haar niets. Het liefst zou ze een lange winterslaap houden en pas in het voorjaar weer eens nadenken hoe het verder met haar moest.

Tante Gondy vertelde dat er een trein van het Rode Kruis naar Boedapest zou gaan. Misschien moest ze die maar nemen? Anna zag ook geen andere oplossing. De weg terug leek haar te verkiezen boven de lange, ongewisse reis naar huis.

Nog voor Kerstmis was ze weer in Boedapest.

Haar moeder leek inmiddels een zenuwinzinking nabij.

Amsterdam, 1 januari 1946
Mijn lieve kind, de kerstdagen en ook oud op nieuw zijn zo treurig voor me geweest. Ik had zo gedacht Anna is weer bij me, hopelijk niet vervreemd van mij, maar mijn Anna zal weer de oude voor me zijn; eerlijk, zorgzaam en lief. Ik heb deze dagen heel veel gehuild en in deze toestand naar iemand toe gaan wilde ik ook niet. Ik ben erg zenuwachtig.
De dokter hier heeft gedaan wat hij kon in de vreselijke winter

vorig jaar; twee kuren van leverinjecties en versterkende medicijnen om me op de been te houden. Door de hongerwinter woog ik nog maar 54 kilo, sjouwde ontzettend. 's Morgens voor acht uur in barre koude twee uur op straat staan voor twee broodjes, waar men een week mee uit moest komen, en zo waren er honderden dingen die zwaar waren. Ik zat enige maanden in het Amstel Hotel, een enkele keer at ik wel eens zwart, bijvoorbeeld een biefstukje met groente en aardappelen, dat kostte tien gulden. En nog lag ik om half acht in bed met honger, geen licht, een klein lampje op de kamer doch op straat pikdonker.

Nu voel ik me wel beter, maar 't is nog niet helemaal in orde. Wat erg aan me knaagt is een ontzettende heimwee naar jou. Ik had zo gehoopt dat je er al zou zijn, ik heb steeds in spanning gezeten en ontzettend gesjouwd naar alle mogelijke instanties om bericht over je, en dat je je paspoort krijgt etc. Kind, het is dikwijls om gek van te worden, het idee dat ik niet voor je kan zorgen, en dat je je warm genoeg kleedt, je loopt zeker in dun ondergoed, de vreselijkste gedachten gaan bij me om. Laten we gauw bij elkaar komen, ik ben liever dood dan op deze manier verder te moeten leven.

Wat heerlijk zou het zijn als we vóór de volgende winter een warm klimaat zouden kunnen opzoeken en jij voor mij zorgt zoals ik 22 jaar voor jou heb gedaan. Lieve kind, voor alle problemen die je hebt uit Boedapest weg te komen, is een oplossing te vinden, maar als je hart meer trekt naar daar dan naar hier, dan moet je daar blijven en moeten we afscheid nemen. Vergeet niet dat je moeder al oud is en vanaf deze leeftijd is elk jaar een toegift. Ik voel je hebt me erg nodig gehad en nóg. Maar als je vrienden en vriendinnen je meer waard zijn dan je moeder, zeg het me dan.

Anna las haar moeders brieven meestal slechts vluchtig door. Ze wist wel wat zij dacht, wat haar verweten werd. Maar ze wilde het niet horen.

Boon moest haar komen redden. Kolonel Boon, het hoofd van de Nederlandse missie die was uitgezonden om gestrande Nederlanders in Oost-Europa te helpen. In februari 1946 zou hij voor de tweede keer naar Boedapest komen. Haar moeder had geregeld dat ze daarna met kolonel Boon mee terug kon rijden naar Nederland. 'Grijp deze gelegenheid met beide handen aan!' schreef ze op 7 januari. 'Die komt voorlopig niet meer!'

Maar Anna had helemaal geen zin om met kolonel Boon mee te gaan. Tijdens het eerste bezoek van de missie aan Boedapest, in december 1945, had ze hem kort ontmoet. Op een ochtend stond hij – in een kraakhelder uniform – onverwacht voor haar deur. Ze had hem meteen onsympathiek gevonden. De ijdelheid straalde van hem af.

Kon hij iets voor haar doen? had Boon gevraagd. Ze had hem verteld dat ze naar Nederland wilde, maar dat ze haar pas kwijt was. Ook zei ze dat ze een Nederlandse kende die dringend penicilline nodig had. De missie had toch medicijnen bij zich?

Hij zou er werk van maken, had Boon beloofd. Het kwam allemaal goed, ook met die penicilline. Maar daarna had zij noch de Nederlandse kennis ook maar iets van de missie gehoord. Ze had zich daar erg kwaad over gemaakt. Als je kon helpen, deed je dat. Dan ging je niet de grote jongen uithangen in je mooie pak om het er vervolgens bij te laten zitten. Waarom zou ze met die vervelende man teruggaan naar Nederland?

Ze wilde ook helemaal niet door haar moeder gered worden. Ze wilde thuiskomen met een verhaal, een mooi verhaal waarmee ze verder kon.

De Franse zaakgelastigde zag eruit als een generaal.

'Kunt u bewijzen dat u Nederlander bent?' zei hij bits tegen de man die tegenover hem stond. 'Of denkt u dat ik u ook zo wel geloof?'

Anna keek vanaf een afstandje toe. De Fransen hadden sinds kort een vertegenwoordiging heropend in Boedapest, hun zaakgelastigde hield kantoor in drie grote kamers van hotel Bristol. Ze had gehoord dat hij ook Nederlanders vertegenwoordigde. Misschien kon hij haar aan een paspoort helpen.

'Ik ben mijn papieren kwijt, dat is het 'm juist…' stamelde de Nederlander. 'Maar ik kan u wel iets anders laten zien…' Hij haalde een stapeltje foto's uit zijn binnenzak. Anna zag dat er paarden op stonden en Hollandse wolkenluchten. 'Kijk, dit waren in Nederland mijn weilanden en…'

Terwijl de Nederlander stond te ratelen, keek de Franse zaakgelastigde hem strak aan en zei niets. Toen sloeg hij onverwacht met zijn hand op tafel. '*Stop it!*' zei hij op een toon die geen tegenspraak duldde. '*I am not interested in your horses at all.*'

De man kon gaan. Nu was zij aan de beurt.

'*Oui?*'

De Fransman nam haar geïnteresseerd op. Hij had een lang gezicht en smalle, lichte ogen onder borstelige wenkbrauwen. Om zijn mond lag een vastberaden, bijna verbeten trek. Ze schatte dat hij tien jaar ouder was dan zij, misschien iets meer.

'Faure,' zei hij toen hij haar de hand schudde.

Zo zou Anna hem altijd blijven noemen, 'Faure'. Wanneer ze met z'n tweeën waren zei ze 'Robert'. Maar als ze over hem sprak, tegen anderen, had ze het altijd over 'Faure', ook veel later nog. Alsof hij voor haar altijd een meneer was gebleven.

Het begon met een etentje, daarna volgden avonden samen in de Allied Club. 'Waarom neem je haar niet als vriendin?' grapte

Freddy Redward, en dan grijnsde Faure. Anna zou hem nooit voluit zien lachen. Hij was een man van de beheersing, van de Franse vormelijkheid. Toen ze al verloofd waren, sprak hij haar nog aan met '*vous*'.

Ze viel op zijn positie, zijn macht en zijn kennis; naast hem leek het of ze er zelf ineens ook meer toe deed. Zo lang had ze maar wat rondgefladderd. Nu durfde ze voor het eerst weer recht vooruit te kijken. Ze was ook onder de indruk van zijn geleerdheid – hij was een echte Franse intellectueel; meer hoofd dan lijf – en hoopte van hem wat wijzer te worden. Faure toonde zich verbijsterd over haar gebrek aan scholing. Had ze dan werkelijk nog nooit een stuk van Molière gelezen? Wist ze echt zo weinig van de Franse Revolutie? Al snel begon hij boeken voor haar te kopen. Hij had er plezier in haar te verrassen met klassieken die hij in een antiquariaat had gevonden. Naast haar bed lagen na verloop van tijd stapels in het Duits vertaalde boeken, vrijwel altijd Franse literatuur of geschiedenis.

Faure was in alles Frans. Hoewel zijn moeder volbloed Duitse was en hij de taal ook zelf vloeiend sprak, had hij een grondige hekel aan Duitsland en Duitsers. Anna sprak zelden met hem over die verscheurde achtergrond. Ze had ook weinig zin om te vertellen dat zij zelf met de Duitsers geen problemen had; dat zou hij toch niet begrijpen. Hoe kon ze hem uitleggen dat het wel een Duitser was geweest die haar leven had gered? (Ze was na de komst van de Russen nog naar het Gellért gegaan om te zien of ze iets voor die Duitse officier kon doen, maar ze had geen spoor van hem kunnen vinden.) 'Je moet zo snel mogelijk Frans leren,' zei Faure altijd – en dan knikte ze braaf.

'*Crazy*' noemde hij haar. Wilde ze echt leren autorijden? vroeg hij verbaasd toen Anna vroeg of ze een keer zijn auto mocht lenen. Faure had zelf geen rijbewijs, hij liet zich rondrijden door een chauffeur. Maar Anna wilde graag zelf leren chaufferen. Ze had voor de oorlog in Holland wel eens les gehad van een neef. Er was in Hongarije nog weinig verkeer op de weg, Faure's chauffeur had haar op een middag precies uitgelegd wat ze moest doen – echt moeilijk kon het niet zijn.

Op straat keken de mensen haar na. Je zag in Hongarije vrijwel nooit een vrouw achter het stuur, en al helemaal geen blonde. Soms zwaaide ze terug. Ze gaf gas, schakelde soepel, ze had alles onder controle. De auto paste bij haar. Of misschien paste zij bij de auto. Ze wilden allebei hetzelfde: gáán.

Al snel begon ze ook Faure rond te rijden. Hij vond dat wel vermakelijk. *Verrücktes Huhn*, grijnsde hij dan, terwijl hij onder-uitzakte op de passagiersstoel, een sigaar losjes in zijn hand.

Op een dag reed ze hem helemaal naar Szeged, waar hij een bespreking had. In de provincieplaats zouden ze overnachten in een ziekenhuis. Ze moest door een poort de binnenplaats op rijden. Het was moeilijk in te schatten hoe ze de krappe bocht moest nemen. Misschien was ze nog steeds beter in gewoon rechtdoor.

'*Merde!*'

De klap kwam hard aan. Ze stapten uit. Er zat een grote deuk in de voorkant.

'Nou, dat heeft u mooi gedaan,' zei Faure laconiek – hij bleef haar aanspreken met 'u', zoals in zijn kringen gebruikelijk was. Even leek het of ze hem zag lachen, maar toen trok hij het jasje van zijn uniform strak en liep hij met rechte rug naar binnen.

'Moet u ook niet eens naar huis?' vroeg Faure.

Begin april 1946 moest hij voor zaken naar Parijs. Hij zou met een militair vliegtuig gaan, via Belgrado.

Lange tijd had er geen weg terug bestaan. Nu ging alles vanzelf. Ze zat voor het eerst van haar leven in een vliegtuig. Ze was de vriendin van de *chargé d'affaires* van het Franse gezantschap. Ze ging naar Parijs. Ze zou er in een hotel slapen en uit eten gaan en in taxi's rijden. En Faure zou ervoor zorgen dat ze papieren kreeg waarmee ze op de trein naar Amsterdam kon stappen, de stad waaruit ze nu bijna vier jaar geleden was vertrokken naar Boedapest omdat ze verlangde naar Géza.

[10]

Amsterdam — Boedapest *1946-1947*

Ze had besloten het er niet bij te laten zitten. Het was schandalig hoe weinig de missie van kolonel Boon deed voor de Nederlanders in Hongarije. Terwijl er echt hulp nodig was. Ze had van Faure gehoord dat er nog steeds Nederlanders vastzaten in Russische interneringskampen. Ook had hij mensen op het gezantschap ontvangen die alles hadden verloren en niet wisten hoe ze naar huis moesten komen. En wat deed Boon, het hoofd van de missie die gestrande Nederlanders moest repatriëren uit door de Russen bezette gebieden? Die was alleen even komen kijken in Boedapest en was daarna alweer snel vertrokken naar zijn comfortabele hotel in Praag, de standplaats van de missie. Ook Faure maakte zich er kwaad over, bovenal omdat de Nederlanders nu allemaal naar hem toe kwamen als ze iets nodig hadden.

Al in Parijs had ze bij de Nederlandse consul – die op verzoek van Faure een verklaring voor haar had gemaakt waarmee ze zonder problemen de Nederlandse grens was overgekomen – geïnformeerd wie in Nederland ging over de missies. Dat bleek ene Van Campen te zijn, het hoofd van de afdeling Repatriëring van het ministerie van Sociale Zaken. Een paar dagen na aankomst in Amsterdam had ze hem gebeld en een afspraak gemaakt.

Nu liep ze door het centrum van Den Haag naar de Zeestraat 73, waar Van Campen in 'flat 98', zo had zijn secretaresse verteld, zijn kantoor zou hebben.

'Wat ga je in hemelsnaam doen?' had haar moeder gevraagd. 'Ik dacht dat we samen in de stad zouden gaan theedrinken…'

Haar moeder. Anna had zich echt verheugd haar weer te zien. Het was haar niet gelukt haar nog een bericht te sturen dat ze eraan kwam. In de trein van Parijs naar Amsterdam stelde ze zich voor hoe verbaasd haar moeder zou zijn wanneer ze opeens voor haar stond. Zou ze magerder geworden zijn, veel ouder? De rit van het Centraal Station naar haar moeders pension aan de De Lairessestraat leek eindeloos te duren.

Het was in de middag geweest. De pensionhoudster vertelde dat haar moeder net even lag te rusten. Ze klopte, maar wachtte niet op antwoord en stapte naar binnen. Het was donker in de kamer. Door de dikke overgordijnen viel alleen een smalle streep licht naar binnen. Haar moeder lag op bed, haar grijze haar stak nog net boven de dekens uit. Opgeschrikt door het geluid van de deur, kwam ze overeind. Even zat ze stokstijf rechtop. Later zou ze vertellen dat ze dacht dat ze een geest zag.

Gebeurde dat vooral in families, dat je zo'n zin had elkaar te ontmoeten en dat je zo snel weer genoeg had van elkaar? Precies drie dagen was het goed gegaan. Ze hadden gepraat – dat wil zeggen: haar moeder had verteld, zij had meestal geluisterd –, ze waren op bezoek geweest bij tantes en nichten, ze hadden gearmd een lange wandeling gemaakt in het Vondelpark. De sfeer was zo gemoedelijk dat ze het had aangedurfd iets te zeggen over Faure, en haar moeder was meteen enthousiast geweest. Een Franse zaakgelastigde, die moest wel van goede familie zijn. Wanneer kon ze hem eens ontmoeten? Bijna durfde ze te geloven dat haar moeder nu eindelijk begreep dat ze geen klein meisje meer was. Nog diezelfde avond was het kibbelen begonnen. 'Als je me vanwege die Fransman maar niet weer alleen laat!' had haar moeder gezegd.

De Zeestraat was gemakkelijk te vinden. Telkens verbaasde Anna zich over de ordelijkheid die in Nederland heerste; alles stond nog op zijn plaats en leek nog net zo te functioneren als voor de oorlog.

Van Campen, van het ministerie, een kleine, gezette man van een jaar of vijftig, zag er moe uit. Ze had gehoord dat hij de baas was van verschillende missies die Nederlanders moesten opsporen en repatriëren, voornamelijk in Oost-Europa.

'U had een klacht, begreep ik?'

De felheid waarmee ze sprak, verbaasde haarzelf ook. Ze vertelde dat veel Nederlanders in Hongarije er slecht aan toe waren. Dat kolonel Boon niets voor hen deed en al het werk werd overgelaten aan de Fransen. 'Ik heb regelmatig contact met het Franse gezantschap,' zei ze. 'Ik hoor daar zeer trieste verhalen.'

'U kent veel mensen in Boedapest?'

Ze zei dat ze vaak op het Franse en Engelse gezantschap kwam en ook bij de Hongaarse autoriteiten contacten had – voor het gemak telde ze Géza ook weer even mee.

'En spreekt u Hongaars?'

'Redelijk.'

Van Campen dacht even na. Toen vroeg hij of ze de missie niet zelf wilde bijstaan. Hij stelde voor dat ze naar Praag zou gaan en daar een van de mannen van de missie zou vragen met haar mee te komen naar Boedapest. Ze moest zelf maar bepalen wie ze het meest geschikt achtte. Het leek hem een goed idee om permanent een 'verbindingsofficier' in Boedapest te hebben. Die officier zou het veldwerk doen. Nederlanders opsporen, de repatriëring regelen. Zij kon hem helpen door te zorgen voor de juiste contacten.

Even was ze verbluft. Maar toen ze begreep dat dit haar kans was, herstelde ze zich snel.

'Wanneer wilt u dat ik ga?' vroeg ze.

Ze zou er spoedig van horen, beloofde Van Campen.

Faure kwam naar Nederland om zich voor te stellen. Goedgemanierd en beleefd als hij was, nam hij haar moeder meteen voor zich in. Kort daarna schreef ze over hem:

Het is een fatsoenlijke man met een goed hart. Nu zul je wel verschil merken met je vroegere aanbidders. Al die losse vrienden die je naam maar op straat gooien en geen eer of schande kennen. Het is niet het ware voor je geweest.

Natuurlijk hoopte haar moeder dat Faure wel de ware zou zijn. Hij was een man van hun stand, zijn familie had geld en genoot aanzien in Frankrijk. Bovendien hoopte ze ook zelf haar voordeel te doen met zijn goede connecties; zelfs generaal Charles de Gaulle was een persoonlijke vriend van hem. Al tijdens een van hun eerste etentjes samen had Faure beloofd deviezen voor haar te regelen – in Nederland was nauwelijks aan buitenlands geld te komen – zodat ze weer snel in de zon kon zitten op de boulevard van Cannes.

Anna zei ook vaak tegen zichzelf dat ze het getroffen had. Faure was intelligent, aardig en voorkomend. Hij had een interessant leven dat hij graag met haar wilde delen. Hij was dol op haar, zei hij vaak, juist omdat zij zo anders was dan de vrouwen die hij kende.

Dat ze verstijfde als hij haar 's avonds bij het afscheid kuste, deed ze af als onbelangrijk – ze moest vast nog aan hem wennen.

Het briefje van Van Campen was kort. Ze werd hartelijk bedankt voor haar inzet en het aangename onderhoud op het ministerie. Maar haar medewerking aan de missie-Boon was niet langer nodig.

Anna begreep er niets van. Nog geen week geleden zei Van Campen dat ze een officier mocht gaan uitzoeken in Praag. Ze had het er al met Faure over gehad. Ook hij vond het een goed idee. En nu hoefde het ineens niet meer.

Faure logeerde nog in Amsterdam en snapte ook niet wat er gebeurd kon zijn. 'Ik ga zelf wel eens met die Van Campen praten,' zei hij. Zo was Faure. Meteen erop af, met generaals-passen.

Ze had van alles verwacht, maar dit niet.

'Volgens Van Campen bent u verdacht,' zei Faure toen ze na zijn gesprek op het ministerie samen koffie dronken in Hotel Americain, waar hij logeerde.

Hij vertelde dat Van Campen een brief aan kolonel Boon had geschreven over haar komst. Boon had daarop geant-woord dat mejuffrouw Anna Boom de missie niet kon helpen omdat er geruchten waren dat ze in Boedapest met de Duit-sers zou hebben samengewerkt.

Die Boon had natuurlijk een pesthekel aan haar, was het eerste wat door Anna's hoofd schoot. Ze had het gewaagd over hem te klagen op het ministerie. Nu wilde hij háár zwart maken.

'Ik heb gezegd dat het volstrekte onzin is,' ging Faure ver-der. 'Dat u juist voor het Zweedse Rode Kruis hebt gewerkt.'

Ze had Faure daar iets over verteld, hoewel niet veel. Ook van Dóra had hij het een en ander gehoord.

'En nu?'

'Ik heb gezegd dat ik het belangrijk vind dat u voor de mis-sie gaat werken. Juist omdat u in Boedapest veel mensen kent. Toen zei Van Campen dat hij er nog eens over zou nadenken.'

Ze zag dat Faure geen geloof hechtte aan de verdachtma-king. Het moest ook een rare beschuldiging voor hem zijn. Een persoonlijke belediging bijna. Dat juist hij, de fel anti-Duitse gezant, een vriendin zou hebben die fout was geweest in de oorlog.

'Hoe komt die Boon erbij,' zei Faure.

Ze had wel zo'n vermoeden, vertelde ze. Kolonel Boon had met veel Nederlanders gesproken in Boedapest. Collaborateurs opsporen hoorde ook bij zijn werk. Desgevraagd had er vast iemand naar haar gewezen. Ze was nooit echt met Nederlan-ders omgegaan in Hongarije. Dat werd vreemd gevonden. Je ging al snel over de tong in zo'n kleine gemeenschap. Die Anna

Boom, die zien we ook nooit. Wat doet die vrouw hier alleen? Waar leeft ze van? Deugt ze wel?

Ze vertelde maar niet dat ze misschien ook in het gezelschap van Duitsers was gezien in Boedapest, zoals de keer dat ze met de officieren meeliftte uit Hajdúszoboszló en de buren door de ramen gluurden toen ze uitstapte in de Pauler utca.

'Als u weer in Hongarije bent,' zei Faure, 'moet u een paar mensen laten opschrijven wat u in de oorlog hebt gedaan. Getuigen, vrienden, joden die u hebt geholpen.'

Ze beloofde dat te doen, al kon ze zich niet voorstellen waar ze zulke verklaringen ooit voor nodig zou hebben.

Ze hoorde niks meer van Van Campen. Het was juist zo'n goed idee geweest. En nu werd dat avontuur haar ontnomen omdat een ijdele kolonel over haar roddelde.

Afwachten was niets voor haar. Op 10 mei 1946, nog geen maand nadat ze in Nederland was aangekomen, stapte Anna op de trein naar Praag. Ze had wat geld van haar moeder gekregen, door Duitsland viel inmiddels redelijk te reizen: wat had ze te verliezen? Terwijl de trein door de nacht denderde, stelde ze zich voor hoe verongelijkt kolonel Boon zou kijken wanneer ze er met een van zijn beste officieren vandoor zou gaan.

'Probeer het maar, u bent er gek genoeg voor,' had Faure gezegd, die inmiddels was teruggereisd naar Boedapest.

'Praha, Hotel Ambassador,' schreef de receptionist van het hotel op 13 mei in haar nieuwe paspoort. De Nederlandse missie logeerde in een van de mooiste en duurste hotels van de stad. Al snel leerde ze in de lobby een aantal mannen van de missie kennen; kolonel Boon zelf was er niet of liet zich niet zien. In een rapport dat Anna later zou schrijven over haar ervaringen met de missie, noteerde ze:

Toen ik luitenant De Vries in Praag trof en hem vertelde dat ik het er niet bij zou laten wat kolonel Boon over mij vertelde, was zijn antwoord: 'Oh, maar dat is iedereen al vergeten en dat was ook niet zo bedoeld!'

Ze zei niet meteen wat ze wilde. Tenslotte was ze wel en niet door het ministerie in Den Haag gestuurd. Ze moest het discreet aanpakken, langzaam de interesse van de heren wekken.

Tijdens de borrels in de lobby vertelde ze dat ze in Boedapest woonde. Dat ze 'veel te maken had' met de Allied Mission. En dat ze 'heel vaak' op het Franse gezantschap kwam. Kenden de heren meneer Faure niet, die daar de belangen van de Nederlanders behartigde? Natuurlijk zei ze ook iets over de 'benarde situatie' van veel Nederlanders in Hongarije. En vertelde ze dat 'meneer Van Campen van het ministerie, met wie ze in Nederland uitgebreid gesproken had, het een heel goed idee zou vinden wanneer er een Nederlandse verbindingsofficier in Boedapest zou zijn'.

Na ongeveer een week vonden de leden van de missie-Boon dat allemaal ook een heel interessant plan.

Een van de mannen, een nog jonge luitenant, was haar meteen opgevallen, en niet alleen omdat hij een arm en een been miste. Hij had niet zo veel praatjes als de andere missieleden; hij leek aardig, eerlijk, en wekte de indruk oprecht te willen helpen. Frank Gobets heette hij. Op een avond vroeg ze of híj misschien met haar mee wilde naar Boedapest. Gobets zei meteen ja.

De luitenant vertelde niet dat hij behoorde tot de staf van prins Bernhard en eerder dat jaar eigenhandig door de prins aan de missie was toegevoegd, met de geheime opdracht 'rapporten uit te brengen over aanwezigheid van Russische troepen en materieel', wat tot grote ergernis had geleid bij kolonel Boon, die helemaal niet gediend was van spionageactiviteiten onder de dekmantel van zijn missie. Kolonel Boon zag hem dan ook graag vertrekken. Op 5 juni 1946 schreef hij aan Van Campen op het ministerie van Sociale Zaken:

Gobets is nu naar Boedapest, en de instructies die ik hem daar-
heen meegaf eindigen met deze zin: 'Voorts verbied ik u nog
eens categorisch u met enigerlei opdracht van den Staf te be-
moeien omtrent materieel, samenstelling, politiek enz. van de
Russische bezettende macht.'

Hoewel Gobets er erg handig in was om met één arm auto te
rijden, had hij liever dat Anna chauffeerde. Ze gingen samen
naar ziekenhuizen in de stad om te vragen of daar ook Nederlandse patiënten bekend waren. Ze reden 280 kilometer naar
Oroshaza om meneer Putman te bezoeken, een Hagenaar die
terug wilde naar Nederland maar nog niet eens de reis naar
Boedapest kon betalen. Ze bezochten een Russisch kamp in
Máramarossziget, net over de grens in Roemenië, en probeerden de Nederlandse zieken die ze daar in de barakken aan-
troffen met een Rode Kruistrein naar Boedapest te laten over-
brengen. Ze gingen naar het kerkhof Farkasret, waar oom
Jacques begraven lag, om te onderzoeken of er misschien nog
meer Nederlanders begraven waren.

In haar dagboek schreef Anna:

De heer Gobets had geen makkelijke taak, maar hij deed wat
hij kon. Ondersteuning van de Nederlandse missie kreeg hij
niet. Daarom was hij gedwongen geld te lenen van het Franse
gezantschap en meneer Faure stelde hem ook zijn auto ter
beschikking. De Nederlanders die door kwamen, kregen logies
en eten in de Franse missie en werden door hen ook verder
gestuurd.

Alleen dankzij Faure – en haar constante bemiddeling: ze pen-
delde wat heen en weer in die dagen – kon Gobets zijn werk
doen. Gobets kreeg via Faure de nodige vergunningen van
de Russen. Hij logeerde net als Faure in het Bristol, maakte

gebruik van de faciliteiten van het Franse gezantschap in het hotel, reed rond in Faure's auto en leefde goeddeels op zijn zak. Van de Nederlandse missie in Praag hoorde hij niets en ook de pas teruggekeerde Nederlandse consul in Boedapest was weinig behulpzaam.

De Nederlandse consul, meneer Fledderus, had intussen de Russische permissie gekregen en was in Boedapest, hij achtte het niet nodig zich voor te stellen bij het Franse gezantschap, maar stuurde intussen wel nota's dat die en die Nederlanders geholpen moesten worden. Totdat ik hem er door Gobets op attent liet maken eens een bezoek aan de Franse vertegenwoordiging te brengen. De Russische papieren voor kolonel Boon werden in orde gemaakt, maar kolonel Boon kwam niet omdat hij in Londen zat, waar het waarschijnlijk prettiger was dan in Hongarije.

's Avonds ging Anna vaak samen met Faure, Gobets en Redward en zijn vriendin naar de Allied Club. Vergeten waren de dagen dat ze doelloos had rondgefietst in Boedapest, denkend aan Géza en al het andere dat verloren leek. Ze deed nuttig werk, ze hielp weer – ze voelde zich beter als ze kon helpen – en als het donker was dronk ze een borrel en danste ze de foxtrot.

Faure vond het allemaal best wat ze deed. Als er iets geregeld moest worden, zei hij vaak: 'Gaat u maar, dan komt het wel in orde.' Tenslotte was er nog niets 'officieel' tussen hen. 'Als u mijn vrouw wordt, krijg ik u wel weer in het gareel,' plaagde hij haar vaak. 'Dan sluit ik u op in een kasteel om Frans te leren.'

Bijna twee maanden werkte ze met Gobets in Boedapest. Totdat hij begin augustus 1946 halsoverkop naar Wenen moest vertrekken omdat hij om onduidelijke redenen geen verblijfsvergunning meer kreeg van de Russen. Twee dagen daarvoor was Gobets getrouwd met de Hongaarse gravin Helene Esterházy, van wie Anna vermoedde dat ze vooral verliefd was geworden op zijn Nederlandse paspoort.

Haar werk voor de Nederlandse missie was voorbij. Maar Anna was nog steeds zo verontwaardigd over de gang van zaken in Praag, dat ze besloot een rapport te schrijven over haar ervaringen. En aan wie moest ze dat anders sturen dan aan 'de hoogste mensen die erover gingen': minister Drees en prins Bernhard in eigen persoon?

De toenmalige privésecretaris van prins Bernhard, Thomassen, reageerde per omgaande.

Dienst
Van Zijne Koninklijke Hoogheid
Prins Bernhard der Nederlanden

15-1-1947

Zeer geachte mejuffrouw Boom,
Voor de toezending van de copie van uw rapport aan minister Drees dank ik u zeer. Ik heb de minister naar aanleiding daarvan nogmaals geschreven. Het komt mij nl voor, dat wij niet duidelijk genoeg kunnen zeggen, dat de kern van deze kwestie is en blijft: het lot van de 2 à 3000 landgenoten, die daar in de kampen te gronde gaan. Hierover schreef u in uw rapport niets, terwijl dit toch vermoedelijk wel de bedoeling was. Voor moeilijkheden met de missie behoeft u niet te vrezen, al was het alleen al omdat de Missie Boon spoedig wordt opgeheven!

Ze zou nooit een reactie krijgen op haar rapport. Waarschijnlijk was het ergens in een diepe la verdwenen, al liet Van Campen van het ministerie haar in maart 1947 nog persoonlijk weten dat 'deze pijnlijke kwestie voortdurend mijn volle aandacht heeft en alle mededelingen van juiste gegevens door mij op hoge prijs worden gesteld'.

Anna wist niet dat meneer Van Campen in feite nog weinig informatie nodig had. Hij had zelf allang de conclusie getrokken dat het bij de missie in Praag een rommeltje was. In een vertrouwelijk briefje schreef Van Campen aan zijn baas op het ministerie:

Ik heb de eer U Hoogedelgestrenge hiernevens ter kennisneming aan te bieden het rapport van den gewezen luitenant Gobets over zijn werkzaamheden bij de missie te Praag. Gobets was ongetwijfeld een zonderling en avontuurlijke figuur, desniettemin blijkt uit zijn relaas overduidelijk, dat de toestanden bij de missie te Praag, zoals ik die steeds heb gezien, wel hopeloos chaotisch waren en dat er tenslotte veel goed werk is verricht, dankzij de toewijding en het initiatief van de jonge officieren en niet het organisatorisch talent van de leiding, welke veel kostbaren tijd verloren liet gaan.

De baas van meneer Van Campen had er daarna met potlood bij geschreven:

Bedankt. Er is hier nog heel wat te wenschen!

[11]

Praag — Parijs *1948-1951*

Dóra wilde weg uit Hongarije, zei ze. Zo snel mogelijk.

Het gebeurde in de herfst van 1948. Ze zaten samen te praten in de salon van mamuka op de Marczibányi tér. Hoewel Faure die zomer was overgeplaatst naar de Franse ambassade in Praag en Anna hem was gevolgd, logeerde ze nog vaak bij haar vriendinnen in Boedapest.

Dat ook Dóra wilde emigreren, verbaasde haar niet. Nu de communisten de absolute macht hadden verkregen in Hongarije – bedrijven werden genationaliseerd, landgoederen onteigend – probeerden steeds meer Hongaren weg te komen.

Dóra vertelde dat ze wel getwijfeld had. Het ging haar om de kinderen, om hun toekomst. Het Sovjetsysteem had ook goede kanten, vond ze, zoals gratis onderwijs. Ze wist niet of ze haar kinderen in het Westen een betere opleiding zou kunnen bieden. Maar ze had geen keus. Ze voelde zich niet langer veilig in Hongarije. Ze werkte voor de Amerikanen, misschien zou ze worden opgepakt. Je hoorde de laatste tijd steeds vaker dat mensen van de ene op de andere dag verdwenen. En wat moesten de kinderen zonder haar beginnen?

'We moeten eruit,' zei Dóra. 'Mamuka, de kinderen en ik. Mijn vader zou hetzelfde hebben gedaan, dat weet ik zeker.'

De oude Gratz leefde niet meer. Hij was in november 1946 plotseling onwel geworden op straat en kort daarna gestorven.

'Maar hoe wil je weg komen?' vroeg ze. Iedereen wist dat het bijna onmogelijk was het land uit te komen.

Dóra vertelde dat ze naar Oostenrijk wilde. Dat zou haarzelf waarschijnlijk wel lukken. Ze had nog haar oude Oostenrijkse papieren. Een bevriende ambtenaar had aangeboden haar te helpen. Ze wilde zich als ongewenste vreemdeling het land uit laten zetten. Maar voor haar kinderen en moeder had ze nog geen oplossing bedacht.

'Ik kan de kinderen wel meenemen naar Nederland,' zei Anna toen, nog voordat ze er goed over nagedacht had. 'Totdat jullie er ook uit zijn. Dan breng ik ze weer terug.'

'Ik had een ongelooflijk geluk,' zou Dóra in haar dagboek schrijven.

Op 4 oktober 1948 stapte Anna met de kinderen van Dóra op de trein naar Amsterdam. Het was stil in de coupé toen ze de Hongaarse grens passeerden. De kinderen waren na alle opwinding rond hun vertrek in slaap gevallen. Anna keek uit het raam en zag het laatste Hongaarse station verdwijnen in de verte. Ineens wist ze het zeker. Ook zij zou voorlopig niet terugkomen in Boedapest. Nu kon ze werkelijk alles achter zich laten waaraan ze niet meer wilde denken.

Het leek allemaal goed geregeld. De meisjes zouden naar een echtpaar in Volendam gaan. Een nichtje van Anna in Amsterdam, Henny, wilde de jongens wel opnemen. De reis moest ook geen problemen opleveren. De Nederlandse consul in Boedapest, meneer Fledderus, had Anna een verklaring gegeven waarin stond dat ze toestemming had de kinderen mee te nemen naar Nederland.

Twee dagen na haar vertrek uit Hongarije kwam Anna met de kinderen aan bij de Nederlandse grens. Onderweg hadden ze samen veel gelachen. De tweeling Helmut en Wolfi kon ze onmogelijk uit elkaar houden, dus wanneer de één iets had uitgehaald, kreeg de ander steeds op zijn kop, tot vermaak van de echte boosdoener. De kinderen hadden zich misselijk gegeten aan chocola uit geallieerde PX-winkels, waarvoor zij een pasje had, ze hadden Nederlandse woordjes geoefend en liedjes gezongen. Nu waren ze allemaal moe en wilden ze zo snel mogelijk naar Amsterdam.

Meneer Fledderus had gezegd dat de kinderen geen visum nodig hadden. Maar daar bleek de Nederlandse douane heel anders over te denken. Wat Anna ook probeerde: de twee beambten waren onvermurwbaar. Zonder geldige papieren kwamen de kinderen het land niet in.

Daar stond ze, met vier kinderen en evenveel loodzware koffers. Koortsachtig dacht ze na. Welke contacten kon ze aanspreken? 'Je hebt twee soorten mensen in de wereld,' had ze iemand ooit horen zeggen, 'mensen met en mensen zonder adresboek.' Zij was van de eerste soort. Ze had zeker drie adresboeken. Maar of daar ook een Nederlander in stond die wat te vertellen had, wist ze zo snel niet.

Toen dacht ze aan d'Ailly. Arnold Jan d'Ailly, de burgemeester van Amsterdam. Toevallig was een nicht van haar met hem getrouwd.

'Kom maar hierheen,' zei d'Ailly door de telefoon. 'Ik zal zien wat ik kan doen.'

Ze bracht de kinderen onder in een Duits hotel vlak bij de grens. De directrice wilde wel zolang voor ze zorgen. Precies twee dagen later kwam ze hen weer ophalen – de kinderen waren erg onder de indruk van de Amsterdamse stempels op hun nieuwe papieren.

Dóra verliet Hongarije in november 1948. Ze was tot vijand van de staat verklaard en mocht slechts een aantal bezittingen meenemen in de vrijwel lege trein die haar naar Wenen bracht. Vandaar reisde ze direct door naar Salzburg, dat in de Amerikaanse zone lag.

Ook moeder Gratz wist, na twee mislukte vluchtpogingen, uiteindelijk te ontkomen. Ze had zich met haar zware lijf verstopt onder een grote stapel bontjassen in een vrachtwagen met Russische smokkelwaar.

De jonge Hongaar die Dóra's baan overnam bij de Allied Control Commission in Boedapest werd niet veel later gearresteerd op verdenking van 'spionage' en veroordeeld tot levenslange gevangenisstraf.

Faure woonde in Praag in een kolossaal pand, dat voor de oorlog aan de adellijke familie Lobkovitz had toebehoord. Hij had er alleen gezelschap van een kokkin en een butler. Anna logeerde intussen keurig in hotel Ambassador, in het centrum van de stad.

Maar erg vaak was Anna niet in Praag. In februari 1949 moest ze een supplement aan haar paspoort laten nieten omdat ze geen bladzijdes meer vrij had voor visa en grensstempels. Ze reed met Faure's Citroën naar Wenen, Salzburg, Merano, München of Amsterdam en weer terug; soms was ze wekenlang onderweg. Op de auto van Faure zat een nummer van het corps diplomatique waarmee ze moeiteloos alle oude en nieuwe grenzen in Europa kon overschrijden. In haar tas had ze haar rijbewijs – in één keer gehaald in Amsterdam in een politiejeep van commissaris Kaasjager, een vriend van burgemeester d'Ailly – en een aanbevelingsbrief van de eerste secretaris van de Franse ambassade.

Ondergetekende, Robert Faure, verklaart dat hij zijn auto met CD-nummer 13301 heeft toevertrouwd aan mejuffrouw Anna Boom, van Nederlandse nationaliteit, zodat zij naar Amsterdam kan gaan en vandaar kan terugkeren naar Praag via Parijs, München en Salzburg, opgemaakt te Praag 28 februari 1949.
RF

Ze voelde zich het prettigst als ze onderweg was, met haar blik op de weg voor zich en duizenden kilometers op de teller. Ze wilde alleen nog maar vooruit, reisde haar vrienden en kennissen achterna die zich verspreid hadden over Europa. De familie Saternus was naar München uitgeweken. Mamuka zat bij haar dochter Lizzy in Wenen. Dóra woonde in een vluchtelingenkamp in Salzburg. Otto Gratz was, nadat hij was afgekickt van de morfine, ook naar Oostenrijk gevlucht. Karl Hörbe bleek, na lange tijd krijgsgevangene te zijn geweest, uiteindelijk te zijn teruggekeerd in Wenen. Frank Gobets, van de Nederlandse missie, was met zijn Hongaarse gravin in Den Haag gaan wonen. Ze reed van de een naar de ander en ging tussendoor ook nog vaak naar haar moeder in Amsterdam. 'Wil je me niet met de auto naar Bad Gastein brengen?' vroeg die, en daar ging ze alweer.

In haar agenda probeerde ze zichzelf bij te houden – met korte dagboeknotities.

> *1 maart 1949. Vanuit Praag naar Holland vertrokken met de auto. We waren volkomen ingesneeuwd. Toch naar Frankfurt gereden. Daar blijven steken in de sneeuw. Eindeloos kamer gezocht. Via Nederlands Consulaat in bunkerhotel. Auto bij* MP *neergezet. Op strozak geslapen. Via Emmerich naar Amsterdam. Bij Nederlandse grens douaniers lastig en nieuwsgierig. 9.30 bij mams die niet wist wat ze zag.*

Ze raakte eraan gewend 's nachts door te rijden en ook van mist en regen trok ze zich weinig aan.

Toch was het vreemd. Hoewel ze steeds het avontuur zocht, had ze vaak het gevoel dat ze innerlijk niets meemaakte. Het was allemaal leuk en gezellig wat ze deed. Maar het drong niet echt tot haar door; het raakte haar niet. Alsof alle emoties afketsten op een pantser van doffe onverschilligheid. Ze had ook geen verlangens meer, ze keek nergens werkelijk naar uit. Soms vroeg ze zich af wat ze tijdens de oorlog verloren was.

Als ze haar gevluchte Hongaarse vrienden bezocht, dacht Anna ook wel eens aan Géza. In Salzburg had ze een oude vriend van hem ontmoet, László Szily, die haar had verteld dat het niet goed ging met Géza. De communisten rekenden af met iedereen die loyaal was geweest aan het Horthy-regime; zijn baan op het stadhuis stond op de tocht. Géza had aan Szily geschreven dat hij nog met weinig mensen omging. Maar het leek erop dat hij niet wilde vluchten. 'Hij onderneemt niets vanwege zijn dochter,' zei Szily.

In mei 1949 bracht Anna de vier kinderen van Dóra met Faure's auto vanuit Nederland naar Salzburg, waar Dóra in een barak in een vluchtelingenkamp woonde.

Toen ze uitstapten, scheen de zon niet alleen buiten, maar ook in mijn hart,

schreef Dóra in haar dagboek.

Ik beloofde mezelf dat we nooit meer uit elkaar zouden gaan, zo lang als de kinderen me nodig hadden.

Mamuka wilde ook graag naar Salzburg, naar haar lievelings-dochter. Maar Wenen lag in Russisch gebied en het was niet makkelijk om vandaar de grens naar de Amerikaanse zone over te steken.

'Dan neem ik u toch mee,' had Anna toen gezegd.

Aan Faure vertelde ze maar niet dat ze van plan was Dóra's moeder mee te smokkelen in zijn CD-wagen.

In september 1949 passeerde ze zonder problemen met de zwetende mamuka de grens; toen ze wegreed zwaaide ze vriendelijk naar de Russische wachten.

Niet veel later besloot Dóra met haar kinderen en haar moeder te emigreren. In het door vluchtelingen overspoelde gebied rond Salzburg kon ze onmogelijk een baan of een huis vinden. Dóra probeerde eerst Canada, toen Nieuw-Zeeland, maar het enige land dat een alleenstaande vrouw met vier kinderen wilde opnemen, bleek Australië.

Aan het einde van het jaar stapte Dóra in Napels op de boot naar Sydney. Ze had nauwelijks een beeld van haar bestemming, want in heel Salzburg had ze geen boek over Australië kunnen vinden.

∽

Tijdens haar reizen werd Anna steeds vaker achtervolgd door boze briefjes van Faure, steevast ondertekend met 'RF'. In mei 1949 hadden ze besloten zich te verloven en nu het ernaar uitzag dat ze echt zijn vrouw zou worden, vond hij haar 'gekte' steeds minder grappig.

Ik heb genoeg van het theater Boom. Waar bent u. Ik begrijp er niks meer van. Hebt u de intentie nog eens terug te komen, en wanneer? Ik verzoek u snel terug te schrijven, op net papier. Ik accepteer geen andere taal. Uw RF.

Zoals ze altijd tegen haar moeder had gelogen wanneer ze wilde ontsnappen, begon ze ook bij Faure smoesjes te verzinnen om weg te komen. Ze moest echt naar Nederland omdat haar moeder zich niet goed voelde. Het was absoluut nodig dat ze naar Wenen ging omdat Lizzy jarig was. Ze vluchtte in verhalen en hoe minder grip Faure op haar had, hoe kwader hij werd.

Het is onnodig te zeggen hoezeer ik het betreur dat u niets vertelt over de gezondheid van uw moeder. U bent met spoed vertrokken om haar te zien en bent al vier dagen weg, maar van uw moeder hoor ik dat u haar nog niet hebt opgezocht. De gekte van Boom gaat zeker door.

Het enige wat ze wist, was dat ze wilde gaan. Ze gunde zich geen tijd te bedenken waarom ze zich altijd rustig voelde worden zodra ze haar tas begon in te pakken.

Er waren ook dagen dat er niets was. Geen reis, geen diner bij vrienden, geen ontvangst met Faure bij de een of andere minister of ambassadeur. Dat waren de dagen dat ze zich in Praag 's avonds door een taxi liet afzetten voor de villa van de familie Lobkovitz, waar Faure logeerde.

Het huis leek op een museum en wie er binnentrad ging zich vanzelf als een bezoeker gedragen; het was geen plek waar je je schoenen uitschopte en eens lekker op de bank ging liggen. Meestal dineerden ze samen aan de veel te grote eettafel in de veel te grote eetzaal. Aan de wand hingen portretten van de voorvaderen Lobkovitz. De butler serveerde.

Had ze de boeken gelezen die hij haar had gegeven? wilde Faure altijd weten. Was ze nog in een museum geweest? En hoe stond het met de Franse lessen die ze zou gaan volgen?

Overdag had hij doorgaans weinig tijd voor haar. Ze slenterde dan door de stad, kocht wat cadeautjes, lunchte uitgebreid in haar hotel of schreef op haar kamer brieven aan haar moeder en vriendinnen.

Na het eten dronken ze nog een glas cognac in de zitkamer. Er stonden twee enorme stoelen voor de haard, waarin je diep wegzakte. De butler maakte het vuur aan als het buiten koud was. Faure pakte z'n werk erbij, zij haalde een boek uit haar tas.

En dan kwam het erop aan een uitvlucht te verzinnen.

'Ik ben niet erg lekker,' zei ze meestal. De ene keer was het vermoeidheid. Dan weer had ze last van haar maag of werd ze gekweld door hoofdpijn. Faure geloofde inmiddels wel dat ze een erg zwakke gezondheid had.

'*Ah pauvre*,' zei hij dan, 'wat jammer, ga maar gauw uw hotel opzoeken.'

Dat was precies wat ze wilde horen. Ze had geen zin om te blijven. Ze wilde niet wachten tot hij zijn werk af had, hij nog een cognac zou inschenken en onderuit zou zakken in zijn stoel, waarna hij haar zou aankijken en verzuchten: 'Zo, nu is het tijd om de nacht te genieten.'

Ze bevroor in zijn armen. Ze had het echt geprobeerd, maar het ging niet.

'Het is niks met u,' zei Faure ook zelf. Ze wist dat hij in Praag een minnares had wanneer zij op reis was en ze vond dat best: hij moest háár maar opzoeken.

Naar Géza had ze echt kunnen verlangen, maar nu was het net of ze een harnas droeg; warmte kwam er niet doorheen en alles was koud en stijf. Faure zag er toch goed uit. Hij zei dat hij haar liefhad, hij had het beste met haar voor. Niettemin gruwde ze van de gedachte dat hij haar zou aanraken.

Het lag niet aan Faure. Ze zou zich aan geen enkele man kunnen overgeven. De lust was haar ontnomen. In het Szikla Kórház, het ondergrondse ziekenhuis in Boedapest waar ze had gewerkt, had ze na de komst van de Russen vrouwen verzorgd die op brute wijze waren verkracht. Jonge meisjes met kapotte vagina's, oude vrouwen met gerimpelde borsten vol krassen en beten. Gruwelijke verhalen deden de ronde. De bejaarde buurvrouw van Mechtild was ook verkracht. Het meisje dat naast Dóra woonde. Ze had te veel gehoord, ze had te veel gezien.

Faure ging steeds vaker naar Parijs. Voor een huwelijk met een buitenlandse had hij toestemming nodig van zijn hoogste bazen op de Quai d'Orsay. Er was een hoop te regelen. Ook wilde hij Anna graag voorstellen aan zijn familie en kennissen. Ze was nu zijn verloofde, ze hoorde er helemaal bij.

In de winter van 1950 moest ze met Faure naar een belangrijke première in de opera. De koning van Denemarken zou zelf een stuk dirigeren. Faure had het er al weken over. Iedereen die er ook maar een beetje toe deed in Frankrijk, zorgde dat hij erbij was.

Ze logeerde in een hotel in het Quartier Latin. Omdat ze er '*superbe*' moest uitzien, had Faure haar op de middag voor de première naar 'Antoine' gestuurd, de beste kapper van Parijs, voor een 'complete behandeling'. Ze zat er uren. Plukje voor plukje werd haar haar kunstig opgestoken. Ze kreeg een dikke laag make-up op haar gezicht gesmeerd. Op haar oogleden werden lange, zwarte nepwimpers geplakt.

Terug in haar hotel trok ze voorzichtig de avondjurk aan die haar moeder speciaal voor de gelegenheid had gekocht. Zeshonderd gulden had zij ervoor betaald, want als het om haar toekomst met Faure ging, was alleen het beste goed genoeg. Het was een zwarte jurk met een strak, strapless lijfje en een wijde rok. Ze droeg er zijden kousen bij. En pumps met wiebelhakken.

Toen keek ze in de spiegel. Was zij dat echt? Was dit de vrouw die Faure in haar zag?

'Je moet dankbaar zijn,' hoorde ze haar moeder in gedachten zeggen. 'Hoeveel vrouwen zouden niet willen trouwen met een toekomstig ambassadeur.'

Ze bestudeerde haar gezicht. Dertig was ze al. Misschien zou ze inderdaad blij moeten zijn. Nog even en ze zou overschieten, voor altijd een oude vrijster blijven. En met Faure ging ze een interessant en comfortabel leven tegemoet. Bovendien, wat moest ze anders? Ze had geen flirt of reservevriendje, geen beroep, geen geld en ze kon niet eeuwig op de zak van haar moeder blijven teren. Faure moest het zijn. Faure zou het worden. Ze moest verstandig zijn. De liefde kwam wel. Als ze eenmaal getrouwd waren en zij rustig werd. Als er kinderen zouden komen.

Zo sprak ze die avond tegen zichzelf. Maar 's nachts in haar hotelkamer lag ze nog lang wakker. Ze dacht aan de vrouw die ze in de spiegel had gezien. Zij was die vrouw niet. Maar welke vrouw dan wel?

Ze wilde skiën. Al maanden had ze het erover tegen Faure. Sinds de oorlog had ze niet meer op de ski's gestaan. Ze miste de bergen van haar jeugd, het gevoel van vrijheid dat je had wanneer je naar beneden suisde.

Faure kon niet skiën. Hij deed aan geen enkele sport. Alleen als ze heel lang zeurde, ging hij wel eens mee wandelen. Wanneer hij vrij was, las hij liever een boek.

'Ik zou graag met Ytje gaan skiën,' zei ze op een dag in februari 1951. 'Die Nederlandse stewardess die ik ken.'

Ze zag Faure nadenken. Hij had duidelijk steeds minder zin om toe te stemmen in haar uitstapjes.

'Nu kan het nog,' drong ze aan, 'straks komt het er niet meer van.'

In mei zouden ze trouwen. Faure had toestemming gekregen, bijna alles was al geregeld.

'Ga dan maar,' zei hij ten slotte. 'Maar neem Josette mee. Dat is gezellig voor je.'

Ze wist wel waarom Faure dat voorstelde. Hij vertrouwde haar niet. Josette, de vrouw van een diplomatenvriend, kon haar mooi in de gaten houden. Toch protesteerde ze niet. Josette was aardig. Ze zou niet veel last van haar hebben.

Op 15 februari reden ze met z'n drieën in Faure's auto naar Kitzbühel in Oostenrijk. Anna zat aan het stuur en ze voelde zich vrolijker dan ze in tijden was geweest.

Tien dagen later kreeg Faure een brief van haar waarin ze schreef dat ze nog een weekje langer zou blijven. Josette zou alleen met de trein naar Parijs teruggaan. Faure reageerde meteen, voor het eerst in het Duits en met 'jij' – alsof hij voorvoelde dat hij met zijn Franse vormelijkheid dit keer niet ver zou komen.

Lieve Anna, ik heb je brief gisteravond ontvangen. Helaas ben ik niet erg tevreden over de inhoud. Je had me eerst moeten

*vragen of je nog langer kon blijven. Hoe kan ik eindelijk tot je
door laten dringen dat je plichten hebt tegenover me, om nog
niet te spreken over liefde (??) voor me. Ik heb je nu al meer
dan twee maanden niet gezien, op een paar uurtjes na dan.
Je moét volgende week zondag, 4 maart, hier in Parijs terug
zijn. Ik accepteer geen enkele verontschuldiging voor verder
uitstel. Het doet me verdriet dat ik steeds weer moeilijkheden
met je heb. Dat moet nu eens eindelijk ophouden. Ik omhels
je, RF.*

Wat had ze moeten zeggen? Ze kon toch moeilijk schrijven dat
Harry zo'n goede skiër was en dat ze niet wist of ze nog wel
thuis zou komen.

[12]

Kitzbühel — Bombay *1951-1953*

Er is een foto van Anna's vertrek met de boot naar Bombay.
Je ziet haar op de loopbrug van de Victoria staan. Ze draagt
een broek en een lange zomerjas; haar handen heeft ze non-
chalant in haar zakken gestoken. Glimlachend kijkt ze in de
lens. Heel ontspannen staat ze daar, terwijl ze toch geen idee
heeft waaraan ze begint. 'Adio Genova!' schreef ze onder de
foto in haar album. Het was april 1953. Ruim tien jaar nadat ze
op de trein naar Boedapest was gestapt voor Géza, reisde ze
opnieuw een man achterna. Maar nu wist ze zeker dat ze zou
gaan trouwen.

Al op de tweede dag in Kitzbühel had ze Harry Keller ontmoet: een stoere, wat serieuze Zwitser met een stevig postuur,
een ronde, iets naar voren stekende kaak, smalle lippen en een
zwarte bril. Hij was van haar leeftijd en ze voelde zich meteen
bij hem op haar gemak. Met Harry kon ze Duits praten, skiën,
glühwein drinken en sneeuwballen gooien; na alle opgeprikte
diners in Parijs was het een verademing om 's middags samen
in een café gebraden worst te eten.

Harry werkte in India als ingenieur voor de firma Schlieren,
een Zwitserse fabrikant van liften en treinwagons. Hij was nu
voor een halfjaar terug in Zürich, maar zou daarna opnieuw
naar Bombay vertrekken. Wanneer ze elkaar 's avonds in Kitz-

bühel ontmoetten, vertelde hij niet alleen over zijn werk – hij leek dat nogal ijverig en nauwgezet uit te voeren – maar sprak hij op haar aandringen ook over de tempels die hij had bezocht, de hindoeprocessies die hij op straat had gezien. Misschien waren het die verhalen die Anna nog het meest voor Harry innamen. Terwijl ze samen met hem door de sneeuw liep, fantaseerde ze hoe het zou zijn om op een olifant door de jungle te rijden.

Al snel had ze geen zin meer nog terug te gaan naar Parijs. Ze had geprobeerd zich te verzoenen met Faure. Ze had zich getroost met de gedachte dat alles beter zou worden wanneer ze eenmaal getrouwd waren en kinderen hadden. Maar nu ze achter Harry aan skiede, begon ze in te zien dat ze zich had vergist. Het zou nooit wennen, een bestaan als Franse diplomatenvrouw. Ook al zou ze de taal perfect leren spreken en kwamen er vijf baby's. Faure zou haar verstikken met zijn Franse vormelijkheid. Ze zou het steeds benauwder krijgen en dan zou ze eruit breken. Dat wist ze. Er kwam een dag – al kon die lang op zich laten wachten, haar aanpassingsvermogen was groot – dat ze de glazen stolp aan diggelen zou slaan.

Dan kon ze beter meteen weggaan. Zeker nu zich in de persoon van een sportieve, aardige Zwitser een uitweg aandiende.

Ze begon met uitstellen. 'Ik blijf nog een weekje langer hoor,' schreef ze aan Faure. Nadat Ytje en Josette vertrokken waren, maakte ze met Harry en zijn skivriend een reisje naar Wenen – in de auto van Faure. Ze bezochten slot Schönbrunn, wandelden door de Burggarten en aten taartjes bij patisserie Demel. Vervolgens reden ze terug naar Kitzbühel, haalden hun spullen op en reden door naar Zürich, Harry's woonplaats, waar ze kon logeren bij vrienden van hem.

Of ze echt verliefd was op Harry, wist ze niet. Ze vond het goed dat hij een arm om haar heen sloeg, dat hij haar kuste. Maar ze deed nog niet echt mee. Het enige wat ze wist, was dat ze niet terug kon naar Faure.

Ze vluchtte – een andere uitweg zag ze niet. Ze reed naar Parijs, parkeerde Faure's Citroën in zijn garage en ging er, zonder een spoor achter te laten, vandoor. Wel stuurde ze Faure een kort briefje, waarin ze schreef dat ze het uitmaakte en dat het voor hen allebei echt beter was zo.

In Konstanz am Bodensee, in Zuid-Duitsland, vlak bij de Zwitserse grens, woonde de Duitse familie Afflerbach, die Anna nog kende uit Boedapest. Het leek haar een goede plek om zich een tijdje te verbergen, al was het maar omdat Konstanz op een uur rijden lag van Zürich.

De tweede avond dat ze bij de familie Afflerbach was, belde ze Harry op.

'Mijn verloving is uit,' zei ze.

Harry kwam meteen naar haar toe. In de laatste week van maart maakten ze met de auto een rondrit langs Airolo, Milaan, Turijn, Antibes, Cannes, Genève en ten slotte terug naar Zürich. De foto's van de reis plakte Harry later zelf in. 'Remmen!' stond er onder een foto van Anna achter het stuur.

Het was 'hun beste tijd', vond Anna, al duurde die misschien wat kort.

Natuurlijk liet Faure het er niet bij zitten.

*'Kijk eens wat een fantastische wagen er voor de deur staat,'
riep Peter Afflerbach ineens. Toen ging de bel en meneer Robert
Faure stapte naar binnen, ik dacht dat ik een flauwte kreeg en
Marianne ook,*

zo schreef Anna op 10 april 1951 aan haar moeder, in een poging eerlijk te zijn en haar moeders verontwaardiging over de breuk – 'weet je wel wat je die man aandoet!' – te sussen. Haar Nederlands en ook haar spelling waren er intussen flink op vooruitgegaan.

*Hij praatte en praatte en was helemaal van de kook, en zei
dat hij het niet geloofde en dat ik toch maar trouwen moest,
hij zei dat alles kwam alleen maar doordat ik 'vitamine-
gebrek' heb! Hij zei dat mijn leven getekend was etc. Marianne zei tegen me dat ik het beste kon verdwijnen omdat hij
in zo'n rare stemming was, maar dat heb ik niet gedaan omdat ik toch niet Marianne en Rolf met die hele rotzooi kon
laten zitten. De volgende dag kwam hij weer en we hebben
langs het meer gelopen en hij heeft de hele tijd geprobeerd om
me om te praten, wat niet is gelukt, maar ik ben er half gek
van geworden mams.*

Tijdens hun wandeling langs de Bodensee had Anna gezegd
dat het haar speet. Dat ze het hem eerder had moeten vertellen. Maar dat het toch beter was zo.

Had ze dan een ander? wilde Faure toen weten.

'Hoe kom je daar nou bij,' antwoordde ze.

Daarna was hij met z'n chauffeur weggereden en was het
stil geworden rond RF.

'Jij houdt alleen van je moeder,' had een neef van haar, Erik
Osieck, in die dagen eens gezegd. 'Dat is helemaal niet zo,' antwoordde ze toen meteen. Toch had ze nog vaak aan zijn woorden moeten denken. Misschien was het waar dat ze weinig
begreep van de liefde – zoals ook haar moeder er niet veel van
begrepen had. Het leek vaak romantisch wat ze deed. Ze was
midden in de oorlog op de trein gestapt naar Boedapest voor
Géza. Ze was Faure achternagereisd naar Praag. Nu droomde
ze over Harry en Bombay. Maar het was de vraag of ze haar
hart volgde of dat ze op zoek was naar iets anders. Soms dacht
ze dat ze bovenal redenen zocht om steeds opnieuw te kunnen
vertrekken.

Ze wilde een baantje. Na al die jaren had ze er genoeg van op haar moeders zak te teren. Bovendien was Harry de hele dag weg; hij werkte die zomer van 1951 op de fabriek van Schlieren in Zürich.

Via een advertentie vond ze een stageplaats in hotel Drei Könige in Luzern. Ze leerde bedden opmaken en het ontbijt serveren, ze had dienst achter de bar en runde de receptie. Het werk ging haar gemakkelijk af, tenslotte had ze zelf altijd in hotels gewoond.

Op een ochtend was ze net bezig met het opruimen van het ontbijtbuffet, toen plotseling haar moeder en Faure binnenstapten. Ze wist dat die twee elkaar soms nog opzochten, ze vonden elkaar in hun verontwaardiging over haar 'losgeslagen' gedrag en haar moeder had zich verplicht gevoeld Faure te steunen na de breuk. Hoe haalden ze het in hun hoofd haar hier op te zoeken?

Na een beleefde, maar koele begroeting gingen Faure en haar moeder aan een tafeltje in het cafetaria zitten. Hotel Drei Könige had drie sterren. Het was een doorsneestadshotel, degelijk ingericht maar zonder opsmuk of luxe, geen hotel waar haar moeder of Faure zouden logeren. Ze bracht hun koffie en ging door met haar werk. Terwijl ze de kleden van de tafels haalde, voelde ze hun ogen in haar rug branden.

'Tsss,' hoorde ze Faure zeggen, 'had u dit verwacht van een toekomstige ambassadeursvrouw.'

'Zoals ze zich verlaagd heeft... ik begrijp er niets van,' zei haar moeder. 'Dit is werk voor een dienstmeid.'

'Ze is te vrijgevochten... welke fatsoenlijke man wil zo'n vrouw nog hebben?' antwoordde Faure.

Ze deed net alsof ze hen niet hoorde en liep met grote passen achter de ontbijtkar de keuken in.

Nadat Harry volgens plan was teruggekeerd naar India, bleven ze elkaar een jaar lang schrijven. Dat wil zeggen, Harry stuurde haar trouw elke week een brief en vroeg dan waar háár brieven bleven. Al snel had ze hem ervan overtuigd dat er van de postverbinding tussen Europa en India weinig deugde.

In augustus 1952 kwam Harry voor een paar weken terug naar Zwitserland. Tijdens een wandeling vroeg hij haar ten huwelijk. 'Zullen we maar gaan trouwen?' zei hij.

Ze had de vraag wel verwacht. Als hij haar wilde, moest hij het nu, tijdens zijn verlof, vragen. Toch was het een vreemd moment. Ze had niet gedacht dat hij op zijn knieën zou gaan of dat hij haar zou verrassen met bloemen – daarvoor was Harry te nuchter. Maar zoals hij de vraag nu stelde, leek het bijna een zakelijk voorstel.

Ze antwoordde al even kort dat het goed was.

Daarna liepen ze zwijgend verder, arm in arm, als een stel dat elkaar al jaren kende, terwijl ze alles bij elkaar nog geen drie maanden samen hadden doorgebracht.

Het zou wel goed komen, dacht Anna. In die zomer ging ze vaak met Harry en een paar vrienden naar het chalet van Harry's ouders in de bergen, dat je alleen lopend over een smal pad kon bereiken. 's Avonds maakten ze kaasfondue en dronken wijn. Ze was op haar gemak. Dit moest het zijn. Als ze al eens twijfelde – Harry was wel erg zwijgzaam, hij vroeg haar ook zo weinig – dan stond ze bij zulke gedachten niet lang stil. Ze was nu bijna tweeëndertig en moest opschieten. Na het debacle met Faure wilde ze niet wéér weglopen.

Dóra was een van de eersten die haar feliciteerden. 'Fijn dat je eindelijk een goede partner hebt gevonden,' schreef ze in augustus 1952 vanuit Australië. 'Faure vonden wij allemaal niet ideaal.' Dóra woonde in een huis op een berg, pal naast haar neef Otto Gratz, die vlak na Dóra ook naar Australië was geëmigreerd. Overdag deed ze administratief werk, 's avonds en in het weekeinde verbouwde ze op haar land groente en fruit om langs de weg te verkopen. Ze werkte hard voor weinig geld. Maar met haar kinderen ging het goed, ook op school; de jongens wilden later ingenieur of boswachter worden.

Haar moeder was minder blij met de verloving. Ze was altijd blijven hopen dat Anna op een dag weer terug zou komen, en dat ze dan de rest van hun leven samen langs de boulevard van Cannes of de promenade van Merano zouden wandelen.

Je weet, ik heb heel veel van je verdragen en je hebt nog veel goed te maken door werkelijke liefde en zorg voor me te tonen. Maar nu kun je niets meer voor me doen. Je hebt je besluit genomen je voor een leven lang aan Harry te binden. Het is een heel gewichtige stap, vooral omdat je naar alle waarschijnlijkheid voorgoed afscheid moet nemen van mij en heel ver weg gaat.

Harry was ook geen 'partij'. Haar moeder zei het niet met zo veel woorden, maar Anna wist zeker dat ze Harry en zijn familie te 'eenvoudig' vond. Anna had een paar keer met haar moeder en de Kellers gegeten. Die avonden waren geen succes geworden. Haar moeder had zich geërgerd aan de manieren van Harry's vader en ze bleef hem en zijn vrouw consequent 'meneer' en 'mevrouw' Keller noemen.

Harry is er niet de persoon naar die het contact tussen ons kan versterken. Ten eerste geloof ik is er tussen hem en z'n ouders een losse band en het Zwitserse volk heeft over het algemeen een koud, ongevoelig karakter. Je weet wat hij me voor zijn vertrek schreef. 'Neemt u het maar zoals het is,' schreef hij over het feit dat ik jou binnenkort zal verliezen. Hij toonde geen enkele fijngevoeligheid. Het karakter van Harry vind ik

zo kil en ik zou het ontzettend vinden als je je op den duur in
zo'n ver en vreemd land eenzaam zou gaan voelen.

๛

Harry had nog even overwogen of ze geen vrachtboot kon nemen naar India, want dat was goedkoper. 'Maar dan heb je geen entertainment aan boord,' schreef hij vanuit Bombay, 'dus ik geloof niet dat zoiets voor jou geschikt zal zijn.' Zijn keuze was daarom gevallen op de Victoria, een spiksplinternieuw Italiaans passagiersschip dat in twee weken via Napels, Port Suez, Aden en Karachi naar Bombay zou varen. Aan boord van de Victoria bevonden zich twee zwembaden, een danszaal, een bibliotheek en drie pingpongtafels.

Anna was een van de weinige vrouwen aan boord die alleen reisden en dat bleef niet onopgemerkt. Al snel had ze tal van nieuwe vrienden gemaakt, onder wie een groep Oostenrijkse en Duitse bergbeklimmers die een poging wilden doen als eersten de top van de Nanga Parbat in de Himalaya te bereiken.

Mams, we hebben reuze pret hier aan boord. Gisteren was
dans en ik heb nog pijn in mijn benen. En nu kom ik niet tot
schrijven. Elk moment komt er weer eentje naar me toe of ik
met hem shopping ga als we afmeren. Tot nu werd ik opge-
zocht door de kapitein, drie leden van de Himalaya expedi-
tie, en een Indiër! Met wie zal ik gaan?

Tijdens de reis schreef Anna lange brieven aan haar moeder. Misschien was het uit schuldgevoel dat ze haar best deed zo uitvoerig en openhartig mogelijk te zijn.

Die Weense meneer, weet u wel, kwam me van het schip
halen met een auto met chauffeur en is met me door de hele
stad gereden, twee bergen op, en daar hebben we in een klein
restaurant twee martini gedronken. Het was erg fantastisch,

uitzicht op heel Napels in de zon. Dan was er één die op een
gitaar speelde en een andere jongere man zong oude Itali-
aanse liederen, ten slotte kwam er ook nog een bij die mee-
zong, die Weense meneer zong ook, en zo zongen we allemaal.

Haar moeders verwijten over 'dat eindeloze geflirt' en het 'te
grabbel gooien van je naam' leek ze in haar enthousiasme te
zijn vergeten. Of maakte het niet meer uit, nu ze toch trouwen
ging?

's Avonds stond Anna soms lang aan dek. Ze rookte dan een
sigaret en tuurde naar de sterren en de watervlakte. Ze dacht niet
aan vroeger en niet aan later. Er was alleen het nu, dat eindeloos leek te duren. Liefst zou ze altijd zo onderweg zijn, dacht
ze, open voor alles wat ze tegenkwam en vervolgens weer moeiteloos achter zich kon laten. Ze hoefde nergens aan te komen.

Bijna elke middag zat ze bij de mannen van de Himalaya-
expeditie. Vooral met de Oostenrijker Hermann Buhl kon ze
het goed vinden: een goedlachse, pezige Tiroler die een paar
jaar jonger was dan zij. Buhl was vastbesloten de top te halen
van de 8125 meter hoge Nanga Parbat, een van de moeilijkst
beklimbare bergen ter wereld. In de jaren dertig waren Duitse
expedities naar de top – die toen de onoverwinnelijkheid van
het nazisme hadden moeten symboliseren – tot drie keer toe
mislukt. Maar deze eerste naoorlogse expeditie, onder leiding
van de Duitser Karl Maria Herrligkoffer, moest en zou een
succes worden.

Ik hoop dat het hun gelukt als eerste mensen de Himalaya te
bestijgen. Als de expeditie slaagt komen ze me opzoeken in
Bombay – ik geef hun een mascotte mee – zal ik die olifant
geven mams? De meesten komen uit Oostenrijk, aardige, na-
tuurlijke mensen. Ze worden hier aan boord erg umschwärmd
door iedereen, iedereen wil handtekeningen hebben, foto's
etc. Maar ik vraag niet, denk er niet aan.

Op 30 april 1953 zouden de expeditiemannen in Karachi van boord gaan. De avond ervoor had Anna nog tot halfvier 's nachts met hen 'gefeest, gedanst en spelletjes gedaan'. Vroeg in de ochtend schrok ze wakker. Op het dek trof ze Herrligkoffer en Buhl, die haar vertelden dat ze moeite hadden hun spullen aan land te krijgen. Er moest bij de douane een enorme bedrag aan invoerrechten worden betaald.

Toen kreeg Anna een lumineus idee, zoals Herrligkoffer zich later herinnerde in het boek dat hij over de expeditie schreef, *Nanga Parbat 1953*:

> *Gelukkig kwam een aardige Hollandse, een bekende van de boot, ons op het laatste moment te hulp.*

'Ik kan wel zorgen dat we uitgenodigd worden voor de Koninginnedagparty op de Nederlandse ambassade,' zei ze.

'Welk feestje?' vroeg Herrligkoffer.

Anna vertelde over de Nederlandse traditie om op 30 april de verjaardag van koningin Juliana groots te vieren. 'Op de Nederlandse vertegenwoordigingen zijn dan altijd recepties. Er komen vast ook Pakistaanse hotemetoten. Dan kunt u de nodige contacten leggen.'

Na het ontbijt telefoneerde Anna in de haven naar de ambassade. De Nederlandse attaché, meneer Van Vloten, antwoordde zelf. Ze vertelde dat het wel heel toevallig was dat zij als Nederlandse met Koninginnedag in Karachi was. En wist meneer dat ook de mannen van de Himalaya-expeditie zojuist van boord waren gegaan? Hij had toch zeker wel in de krant gelezen over deze nu al beroemde expeditie naar de Nanga Parbat?

De uitnodiging voor de receptie van die avond volgde als vanzelf.

Een paar uur later kwam meneer Van Vloten naar de Victoria, benieuwd naar wie die Hollandse was met wie hij had gesproken. Anna probeerde net wat bij te slapen in haar kajuit.

Ik lag nog niet tien minuten mams en toen werd er geklopt, ik verstond alleen 'a gentleman from the Dutch Embassy is waiting for you'. Ik me weer aangekleed, naar de bar toe getippeld, en daar zat meneer Van Vloten, de attaché. We hebben toen samen een kopje koffie gedronken, aardige man, hij is al twee jaar in Karachi maar heeft er nu genoeg van. Hij bood me aan met de wagen de stad in te gaan, want de haven ligt ca 10 km van de stad af, ik ben nog even naar de kajuit gegaan, heb me ietsje gepoederd, want door die warmte glim je als een spiegel. Toen ik terug kwam in de bar, stond hij daar met twee Pakistan zwartjes in uniform, met die twee zijn we nog verder in gesprek gekomen. De ene was van de douane, dus een important ventje, de ander zoiets als burgemeester en dus een van de rijkste in Karachi. Na met die twee een sinaasappel-cocktail te hebben gedronken, hebben we ze met de wagen meegenomen.

Nu was ze op haar best, en dat wist ze. Ze had mannen om zich heen die ertoe deden. Er viel wat te regelen. En die mannen – zo ging het altijd; ze was daaraan gewend geraakt – wilden allemaal wel iets voor haar doen.

Er volgde een chaotische middag, waarop ze eerst met Van Vloten werd uitgenodigd voor een veel te uitgebreide lunch bij de rijke Pakistaan en vervolgens met het 'important ventje' van de douane naar hotel Bristol reed, waar de mannen van de Himalaya-expeditie logeerden, om te onderhandelen over de invoerrechten. Alleen al voor de kisten met levensmiddelen moesten de mannen 12.000 gulden betalen.

Ik moest steeds vertalen, want de mannen van de HE (Himalaya Expeditie) spreken nauwelijks Engels. Het resultaat was, dat we naar de prime minister moesten voor die invoerrechten, dus wij weer in de auto, we zijn heel Karachi doorgeracet met dr. Herrligkoffer, de cameraman Ertl, dat douaneventje en ik. Eindelijk hebben we het zover gebracht dat ze met de

secretaris van de prime-minister gesproken hebben en die zei
dat ze alles schriftelijk moesten aanvragen en dit morgenoch-
tend persoonlijk aan de minister moesten afgeven.

Die middag vroeg Herrligkoffer Anna of ze zelf ook niet mee-
wilde met de Himalaya-expeditie.

'We kunnen een handige vrouw als u in het basiskamp goed
gebruiken,' zei hij. Ze zou radio-uitzendingen voor de expe-
ditieleden kunnen vertalen, bij de autoriteiten vergunningen
moeten regelen, de cameraman, Ertl, bijstaan. Er was meer
dan genoeg voor haar te doen.

'Als u maar een kameraad blijft,' zei Herrligkoffer. 'Geen
liefdesrelaties. Anders kan het niet.'

Men heeft mij als eerste en enige vrouw gevraagd mee te
komen met de expeditie! Natuurlijk niet mee tot de top, ik
zou in het Hauptlager blijven en daar dr. Herrligkoffer assis-
teren!

Ze hoefde er niet over na te denken.

'Zo'n kans krijg ik maar één keer,' zei ze tegen Herrligkoffer.
'Maar ik moet nog wel iets regelen in Bombay.'

Ze had de expeditiemannen verteld dat ze op weg was naar
'een Zwitserse vriend', maar ze had er niet bij gezegd dat ze al
op 6 mei, dus vrijwel direct na haar aankomst, zou gaan trouwen. Ze had daar zelf op gestaan. De zesde mei was in 1919 ook
de trouwdag van haar ouders geweest en ze dacht haar moeder
daar een plezier mee te doen.

Tijdens de receptie op de Nederlandse ambassade hoorde
ze er al helemaal bij.

Elk moment flitste het blitzlicht van de reporters fotografen,
er was een grote serre waar men stond, daartussendoor liepen
nog allemaal kleine zwartjes met tulbanden op hun hoofd en
bladen vol lekkernijen. Daarna gingen we naar de tuin, die

met lampions versierd was. De eerste die naar ons toe kwam
was de Duitse gezant, en dokter Herrligkoffer stelde me voor
als 'unsere Expeditions Kameradin'. De Oostenrijkse zaakge-
lastigde kwam er ook nog bij, toen werd er een foto genomen
van ons vieren voor de pers: dr. H., Duitsland, Oostenrijk, en
Holland, ik lach me dood als deze foto toevallig ook in de
Hollandse kranten komt. Er ging natuurlijk een enorme dis-
cussie los over de expeditie, mij werden ook een hoop vragen
gesteld, en het mooiste was dat ik aldoor vergat hoe die stom-
me berg heette in de Himalaya waar we op moesten, maar nu
weet ik het, hij heet de Nanga Parpat.

Onder het aan Anna gewijde hoofdstukje in zijn boek – 'Wij
vinden een goede kameraad' – herinnerde Herrligkoffer zich
later dat hij 'tal van zaakgelastigden en ambassadeurs' sprak
op de Hollandse receptie, en hoe nuttig dat allemaal was geweest. Niet veel later werden de invoerrechten volledig kwijt-
gescholden, op voorwaarde dat de expeditie een Pakistaanse
vlag zou planten op de top van de berg en geen Duitse.

De Victoria vertrok op 1 mei tegen vier uur 's middags naar
Bombay.

Ik kreeg nog een mascotte als geluksbrenger van Buhl uit
naam van de HE en eindelijk maakte de boot zich los, terwijl
er muziek speelde. Ze stonden allemaal van de HE te wuiven
tot men haast niets meer zag.

Anna was moe. Ze ging in haar kajuit op bed liggen. Het was
benauwd binnen. Ze had de nachten ervoor nauwelijks een
oog dichtgedaan. Toch kon ze niet slapen.
    Ze dacht aan Harry. Tijdens de hele reis was dat nog
nauwelijks gebeurd. Maar nu pakte ze de brief die hij haar
stuurde voordat ze uit Genua vertrok en las deze voor het eerst
weer door. Aanvankelijk vluchtig, maar naarmate Harry meer

schreef over hun toekomstige leven in India steeds aandachtiger:

Je kunt hier geen woning krijgen zonder dat er eten bij zit. Je kunt dus niet zelf koken. En dat is iets wat me wel vrees inboezemt, en dat zeg ik je eerlijk Anna: je hebt hier heel weinig te doen, in de woning, in de keuken etc. Daarvoor heb je hier bedienden. De man, zo ook ik, is de hele dag op zijn werk. En hoe moet de vrouw zich dan vermaken? Ik zal je zeggen wat de vrouwen hier doen. Die zitten al om tien uur 's ochtends samen in het café en ze kletsen en kletsen en geven het geld van de baas uit. 's Middags hetzelfde, alleen dan gaan ze vaak ook nog inkopen doen en geven ze nog meer geld uit. Liefste, dat zou ik niet graag zien. Ik weet wel dat jij heel makkelijk kennissen maakt en er zijn hier mensen die genoeg geld hebben en op een werkdag niets anders doen dan zich amuseren. Nu, waar dat toe leidt, kun je je wel voorstellen. Begrijp me alsjeblieft. Ik zal in elk geval nooit toestaan dat je met andere mensen (Hongaren etc.) uitgaat in werktijd, dat wil zeggen als ik er niet bij kan zijn.

Ze had hem ooit iets verteld over Géza, zij het niet veel. Hij was toen verbijsterd geweest. Met een getrouwde man nog wel? Kon dat allemaal zomaar in dat wilde Boedapest?

Je hebt zelf een keer gezegd dat je een goed huwelijk wilt hebben, maar dan moet je mijn wil in dit opzicht respecteren, anders gaat het niet, begrijp je dat? Ik stel me zo voor dat wij hier aardige echtparen als bekenden hebben, natuurlijk geen ongetrouwde stelletjes als Hongaren etc., en dat jij dan met die vrouwen bijvoorbeeld gaat zwemmen. Er wordt hier zo veel gekletst, vooral in de Zwitserse gemeenschap, en het zou me bijzonder ergeren wanneer er over jou of ons iets gezegd werd. Denk je dat je hiermee kunt instemmen? Zo ja, dan zul je het hier erg naar je zin hebben, al moet je er rekening mee houden dat we niet zo veel geld kunnen uitgeven om plezier te maken. Je weet dat ik alvast wat opzij wil zetten voor ons voor later, wat betekent dat we veel thuis moeten blijven.

Nadat Anna de brief had gelezen, liep ze naar het dek. Het was er stil zonder de mannen van de Himalayaexpeditie. Morgen zou ze in Bombay aankomen. Harry zou haar vast opwachten op de kade. Wanneer zou ze het hem vragen? Direct al in de auto?

In de korte tijd die ze nog alleen doorbracht op de Victoria, dacht Anna niet aan haar komende huwelijk, noch aan de trouwjurk die ze straks snel moest laten maken, want ze had wel veel mooie avondjurken in haar twee koffers, maar niets om in te trouwen. Er was maar één ding dat haar bezighield. En dat was de vraag hoe ze Harry ervan kon overtuigen dat ze direct na de bruiloft naar de Himalaya moest als lid van een expeditie naar de top van de Nanga Parbat.

Harry stond met een bosje bloemen op de kade toen de Victoria aanmeerde in Bombay. Hij was erg blij haar te zien en ook Anna was opgetogen; nu ging het grote Indiase avontuur eindelijk beginnen.

Nog diezelfde avond vroeg ze het aan Harry. 'Wat vind je ervan als ik volgende week, na ons trouwen, naar de Himalaya ga, met die expeditie mee?'

Ze had 's middags al het een en ander verteld over de 'ontzettend aardige Oostenrijkse bergbeklimmers' die ze op de boot had ontmoet.

Harry verstijfde. Ze zou het nooit vergeten. Hij zat doodstil in z'n stoel en staarde haar strak aan. 'Nee,' zei hij toen.

'De expeditieleider heeft me zelf gevraagd, ik ben nodig om te vertalen,' probeerde ze nog.

Toen onderbrak hij haar. 'We gaan óf trouwen, óf je gaat naar de Himalaya. Maar allebei gaat niet.'

Daarna hadden ze het er niet meer over, al deed Anna nog dagenlang haar best hem via anderen om te praten.

Ze trouwden in een kleine katholieke kerk in Bombay, zoals Harry graag wilde. Dat Anna ooit in een protestantse kerk in Badenweiler was gedoopt, maakte haar zelf niet uit en leek er in India niet toe te doen. Er werd ook door niemand naar gevraagd.

Er waren zo'n twintig mensen bij de plechtigheid, die nog geen halfuur duurde. De meesten waren kennissen uit de Zwitserse kring van Harry in Bombay. Anna kende niemand.

Na afloop van de huwelijksmis werd een foto gemaakt op de trap voor de kerk. Anna droeg een witte zijden jurk met een wijde rok die net over de knie viel. Harry droeg een geruit, donkerkleurig pak dat nog uit Zwitserland kwam. Het viel een beetje slobberig. Anna had haar arm door de zijne gestoken. Ze glimlachte charmant. Bij elke gelegenheid het juiste gezicht, ook op haar eigen huwelijk. Harry grijnsde.

Er was daarna nog een feestje bij een kennis van Harry. Ze dronken wat, Harry stelde haar voor aan zijn gasten. De sfeer was beleefd, ingetogen. Het feestje duurde ook niet lang. Al om twaalf uur 's avonds waren ze thuis.

'Ik ben doodmoe,' zei Harry gapend.

Ze gingen in bed liggen. Hij aan de ene kant, zij aan de andere. Ze raakten elkaar niet aan. Algauw viel Harry in slaap.

Anna lag nog lang wakker. Nu ben ik een getrouwde vrouw, dacht ze. Nu ben ik thuis met mijn man. Ze kon het zich nog niet voorstellen.

Op 7 juli 1953, in alle vroegte, kreeg Anna een telefoontje van de 'HE' dat Hermann Buhl de top van de Nanga Parbat had bereikt. Vier dagen eerder, op 3 juli, om 19 uur 's avonds, had hij tien minuten op het hoogste punt gestaan. Hij liet er zijn houweel en de Pakistaanse vlag achter. De HE vroeg of ze naar Gilgit kwam om het te vieren, maar dat vond Harry niet goed.

Buhl was, tegen de uitdrukkelijke orders van Herrligkoffer in, vanaf 6850 meter in zijn eentje en zonder zuurstof naar boven geklommen, de laatste honderd meter kruipend op handen en voeten. Op de terugweg was hij overvallen door de duisternis en bracht hij een nacht staand tegen een rots door, zonder bivakuitrusting. Uitgeput, hallucinerend en met bevroren voeten bereikte hij uiteindelijk zijn kameraden, na eenenveertig uur alleen op de berg te zijn geweest. Het was een prestatie die onder alpinisten hoger werd aangeslagen dan de beklimming van de Mount Everest eerder dat jaar, door Sir Edmund Hillary en zijn sherpa Tenzing.

Anna zou Hermann Buhl nooit meer ontmoeten. In juni 1957 stortte hij naar beneden tijdens een beklimming van de Chogolisa in de Pakistaanse Karakoram; zijn lichaam werd nooit teruggevonden.

In een van zijn laatste brieven aan haar schreef hij:

Nu moet ik je toch eerst feliciteren met je huwelijk. Wat is dat snel gegaan bij jou! Ik was stomverbaasd toen ik las wat je schreef. Moet je juist naar India reizen om zoiets mee te maken?

13

Perambur — Zürich *1954-1967*

Wanneer bevriende staatshoofden van premier Nehru een bezoek brachten aan India, kregen zij vaak ook een rond-leiding in de treinwagonfabriek waar Harry werkte. Nehru liet zijn collega's graag zien waartoe het moderne, socialistische India in staat was; de Integral Coach Factory in Perambur was een van de grootste producenten van treinwagons ter wereld.

Bij hoog bezoek stond Anna altijd vooraan, met haar camera aan een riempje om haar nek. Ze had close-ups van hen allemaal, zwaaiend in open auto's of wandelend door de enorme fabriekshallen: Nehru zelf, de Russische leiders Boel-ganin en Chroesjtsjov, de Ethiopische keizer Haile Selassie, president Tito van Joegoslavië, de Chinese minister van bui-tenlandse zaken Zhou Enlai.

Vaak mocht ze ook de hand schudden van zo'n leider en in galajurk aanschuiven bij een diner of ontvangst na afloop.

Heel amusant was het bezoek van Bulganin met aanhang,

schreef ze aan Marianne Afflerbach in Konstanz.

En het opwindendste was nog wel het diner daarna ter ere van hun bezoek bij de gouverneur, waar mijn Russische tafel-genoot en ik gedurende drie volle uren een opwindende con-versatie hadden, die ongeveer als volgt verliep: Madras hot —

Moscow cold – wodka good – Madras njet wodka – kaviar hmm prima – Madras no kaviar…

Ze ontmoette de excentrieke Engelse lady Mountbatten, over wie werd geroddeld dat zij een verhouding met Nehru had, ze werd door Tito persoonlijk uitgenodigd in zijn zomerverblijf op een of ander Joegoslavisch eiland, ze converseerde met tal van Indiase 'hoge ventjes' die gingen over treinen of geld. Op foto's zie je haar stralen te midden van mannen in witte tropensmokings – altijd in strapless jurk en met een borrel in de hand.

Maar dan kwam ze thuis en werd het stil, veel te stil.

Ze was naar India gegaan voor het avontuur, maar terechtgekomen in een Zwitserse kolonie in een afgelegen oord dat speciaal voor de buitenlandse medewerkers van de Integral Coach Factory in Zuid-India was gebouwd. Terwijl de Zwitserse mannen, op uitnodiging van de Indiase regering, hielpen bij het ontwikkelen van de fabriek, zaten hun vrouwen thuis te bridgen of waren ze aan het soppen – want als je dat aan de Indiase *boy* overliet, klaagden ze, werd het huis of de was niet goed schoon. Anna kon er geen kant op; met haar buren had ze weinig contact. 'De vrouwen zijn hier zo saaaaaai dat ik niet weet wat ik met ze moet beginnen,' schreef ze aan Marianne Afflerbach, 'en de mannen zijn niet veel beter.'

Ze probeerde het lawaai wel op te zoeken. Twee ochtenden per week gaf ze vrijwillig Engelse les aan jongens in een weeshuis in Madras. Ze begon een handeltje in zijden sjaals, die ze naar een vriendin in Amsterdam stuurde, waarna deze ze met een beetje winst voor hen beiden doorverkocht. Ze reed met haar boy Toni naar de bazaar in het nabijgelegen Madras om inkopen te doen. En in de weekeinden of vakanties ging ze zo veel mogelijk met Harry en een paar vrienden op reis – er werd dan meestal een luxe *saloon wagon* van de fabriek voor hem aan een trein gehangen – zodat ze veel van India zag, óók de tempels en olifanten waarover ze had gedroomd.

Maar van al dat rumoer drong bij hen thuis weinig door. 's Avonds hoorde je in hun flatje vaak alleen de klok tikken. Harry las de *Schlieren Nachrichten* of de *Neue Zürcher Zeitung* en rookte zijn pijp, terwijl zij door een reisboek of magazine bladerde.

'Nou, ik ga maar eens bij de buren klaverjassen,' zei hij dan om acht uur.

'Ik ben moe, ik ga naar bed,' antwoordde ze meestal, in de hoop dat ze al zou slapen wanneer hij thuis zou komen.

'Mag ik een gin-tonic?' vroeg ze soms al om twaalf uur 's ochtends aan Toni, die de dag grotendeels in de bijkeuken doorbracht.

En dan ging ze schrijven. Ze typte de ene lange brief na de andere; haar vrienden en haar moeder hadden nog nooit zoveel post van haar gehad. Bij elk volgend blaadje dat ze in de machine draaide, vroeg ze om een nieuwe borrel.

'Miss, dit is uw vierde,' waarschuwde de lieve Toni dan bezorgd.

Ach, ik weet het echt niet meer, misschien moet ik hier weg, het is echt verschrikkelijk moeilijk hier,

schreef ze aan een Amsterdamse vriendin,

Ik zou liever nu direct het vliegtuig nemen en terug vliegen naar Europa dan morgen. Maar dan komt m'n stomme trots weer. Ik kan toch niemand schrijven: geef me zoveel roepies om terug te komen. Ik ben zo'n sukkel, ik kan mijn eigen ik niet laten zien en merken, al ga ik er kapot aan. Dus denk ik: neeeeeeeeeeen, eerst eigen geld in de zak, misschien kan ik met de foto's die ik van mijn reizen door India maak wat verdienen, en dan terug! Ik wil absoluut niet afhankelijk terug naar Europa gaan, ook als ik erdoor crepeer! Het is hier op het ogenblik weer zo'n hitte en dan vochtig er nog bij. Ik weet

*niet of ik de tijd hier volhoud, maar het moet gaan en dan
zal het ook. Schrijf me gauw een heleboel en druppel me een
beetje moed in, als je dat kunt, want ik kan hier met geen kip
spreken en zou elk gezicht kunnen bespringen. Heel veel liefs
en schrijf direct! Maar zeg aan moeder niets, ze moet blijven
denken dat het me rosarozig gaat en ik me prima voel! Na
circa acht whisky's en een halve nicotinevergiftiging probeer
ik deze brief te beëindigen. Gisteren moest ik ermee uitschei-
den want alles flipte voor m'n ogen.*

Er waren ook dagen dat ze vond dat ze tevreden moest zijn. Ze
had het in materieel opzicht goed, er was geen knallende ruzie,
Harry probeerde op zijn manier aardig voor haar te zijn. Ze
hoefde maar te zeggen dat ze kiespijn had en hij ging meteen
voor haar op zoek naar de beste tandarts.

Misschien was dit het wel, dacht ze op zulke dagen, en moest
ze niet meer wensen. Hoeveel stellen leefden er niet samen zoals zij? Hoeveel echtparen zag je niet in restaurants die zwijgend tegenover elkaar zaten, die zich eenzaam voelden 's nachts
in bed maar toch liever geen arm om elkaar heen sloegen.

Ze waren op skivakantie in Zwitserland, een paar jaar nadat
ze waren getrouwd. Op een terrasje in de zon dronken ze een
glühwein. Voor hen lag de piste. Twee jongens van een jaar
of vijf en zeven kwamen naar beneden skiën. Ze lachten en
gilden.

'Dat zou leuk zijn, als wij ook kinderen zouden hebben,' zei
Harry.

'Ja,' zei ze.

Toen keken ze zwijgend voor zich uit.

Ze kon niet zeggen wat ze dacht. Misschien wilde ze nog
steeds wel kinderen. Maar niet meer van hem.

Ze vreeën zelden. En als het al een keer gebeurde, ging ze

daarna altijd snel naar de douche en spoelde ze zich grondig af. Of dat hielp, wist ze niet, maar het voelde beter zo.

Er waren vast vrouwen die dachten: laat er maar een kind komen, dan heb ik wat te doen en hebben we samen iets om over te praten. Maar zo kon zij het niet zien. Zij dacht: Misschien komt er nog wel eens een andere man. En dan moet ik géén kind hebben, want dan ga ik niet weg.

Harry zei er geen woord over, in de veertien jaren dat ze uiteindelijk getrouwd zouden zijn. Hij vroeg haar niet waarom ze hem afwees, hij zei geen enkele keer dat ze naar een dokter moest, hij drong nergens op aan.

Op het laatst zei hij ook niets meer als hij kinderen op een sleetje van de berg af zag komen.

Bijna een jaar nadat ze Chroesjtsjov met vlaggen en bloemen hadden ontvangen in de wagonfabriek in Perambur, sloeg de Russische leider de Hongaarse opstand neer. Op 4 november 1956 reden Sovjettanks Boedapest binnen. Na dertien dagen van revolutie kwam er zo een wreed einde aan de roep om hervormingen en meer vrijheid.

Via hun eigen radio kon Anna geen Europese zenders ontvangen. Zo vaak ze kon reed ze met Harry's auto naar de haven van Madras, waar ze de bemanning had leren kennen van een Nederlands schip dat een goede radio-ontvangst had. In de snikhete hut van de kapitein luisterde ze naar het laatste nieuws over Boedapest op de BBC. Ze hoorde dat er duizenden doden waren gevallen bij de opstand. Premier Nagy, die uit het Warschaupact had willen stappen, was gevangengezet en opgevolgd door de rechtlijnige communist Kádár. Meer dan honderdduizend Hongaren waren gevlucht.

In één keer was ze terug in Boedapest. Het verbaasde haar hoe verbonden ze zich nog voelde met de Hongaren. Met Harry sprak ze nooit over Hongarije. Sinds ze over Géza had verteld, wilde hij niks meer weten van dat 'rare wildwestland'. Maar nu stond ze in gedachten naast de betogers op de pleinen die ze zo goed kende, begon ze in Perambur een geldinzamelactie en schreef ze elke avond brieven naar haar Hongaarse vrienden.

Mijn lieve mamuka, Dóra en kinderen,
De tijd gaat snel en er is veel verschrikkelijks en verdrietigs gebeurd sinds ik jullie voor de laatste keer schreef. Ik heb heel veel aan jullie gedacht, Dori. Ik heb collectebussen geverfd in de Hongaarse kleuren en daarmee halen we geld op. Ik organiseer ook een grote bazaar, er werken 22 vrouwen uit de buurt mee door het maken van handwerkjes, taarten etc. Ik heb een benefietconcert geregeld, ik schrijf aan allerlei gezantschappen en consulaten om hulp, en de fabriek heeft ook al een flink bedrag toegezegd. Ik doe wat ik kan! Het is zo afschuwelijk wat zich in ons geliefde Hongarije afspeelt, dat arme volk!

Ze dacht ook aan Géza. Al lang had ze niets meer over hem gehoord. Hij was nu drieënvijftig. Een oude bourgeois, een anticommunist in een Sovjetland. Ze kon zich niet voorstellen hoe hij eruit zou zien, wat hij deed, of hij misschien ook was gevlucht, of hij nog wel eens aan háár dacht. Toen ze nog met Faure in Boedapest was, vertelde zijn secretaresse wel eens dat zij Géza had gezien in restaurants waar zij vroeger vaak kwamen. Misschien had hij haar toen gezocht. Misschien had ze nog iets voor hem kunnen doen.

Het leek allemaal lang geleden en erg ver weg. Ze dacht nooit meer aan de oorlog, zoals ze zich stellig had voorgenomen. Ook in haar dromen keerden geen beelden terug. De brieven en andere documenten die ze nog had uit die tijd, bewaarde ze in een doos die ze goed had dichtgebonden en bij haar moeder in het pension had gezet.

Harry had geen idee wat ze had meegemaakt. Zo kon dat dus gaan, in een huwelijk. Als echtgenoten wist je van elkaar hoe de ander zijn teennagels knipte of op welke zij hij 't liefst sliep. Ondertussen kon je een wereld voor elkaar verborgen houden.

Ze had Harry wel eens met zijn ouders horen praten over de oorlogstijd in Zwitserland, waar vijf jaar lang niks was gebeurd.

'Dat waren zware tijden,' zei Harry's moeder toen.

'Nou,' bevestigde Harry. 'Je kon lang niet altijd eten wat je wilde. En het licht kon ook niet altijd aan. Moet je je voorstellen, Anna.'

Zij had niks gezegd.

De Indiërs konden de fabriek na een paar jaar zelf wel runnen; de Zwitsers mochten naar huis. In het voorjaar van 1957 liep het contract van Harry af en werd hij door Schlieren voor een paar maanden naar andere klussen in Azië gestuurd. Anna besloot alvast terug te gaan naar Europa. Op 9 mei ging ze opnieuw aan boord van de Victoria. Maar dit keer danste ze niet tot diep in de nacht in de bar.

Haar moeder logeerde in Wenen bij vrienden van haar, de familie Peschke, en had gevraagd of ze misschien daar naartoe wilde komen. De familie Peschke woonde in een grote villa, die rond de eeuwwisseling was gebouwd in opdracht van de bekende Weense kunstenaar Ferdinand Schmutzer; de vader van Suzi Peschke. Het was een indrukwekkend jugendstilhuis. Gebeeldhouwde trappen; overal hingen prenten van Schmutzer aan de wand.

Suzi Peschke vertelde wel eens over een andere Nederlander die ze kende: Jan van Oldenborgh. Hij was manager bij de KLM en had in de tijd dat hij in Wenen werkte een kamer bij de Peschkes gehuurd.

'Dat is nu zo'n aardige man, Anna,' zei Suzi altijd. 'Die zou je eens moeten ontmoeten.'

Op een dag ging de telefoon, er was niemand thuis en Anna

nam op. Het bleek Jan van Oldenborgh. Hij was in Wenen en wilde het prachtige huis zo graag nog een keer zien.

Nog dezelfde middag kwam hij langs. Ze deed zelf open. De familie Peschke woonde op de eerste etage. Staande in de hal, boven aan de trap, zag ze Jan naar boven lopen. De trap was breed, liep met een lichte ronding omhoog en was gedecoreerd met houtsnijwerk. Maar daar lette Jan niet op. Hij keek alleen naar háár.

Misschien wist ze het wel meteen. Maar als dat al zo was, liet ze het niet merken.

Jan was lang en slank, had scherpe blauwe ogen en donkerbruin, al wat grijzend haar dat in een zijscheiding was gekamd. Ze schatte dat hij zo'n tien jaar ouder was dan zij. Hoewel Jan verder niet op hem leek, herinnerde hij haar direct aan Géza: ook Jan was zo'n man die, zodra hij de kamer binnenstapte, de aandacht op zich vestigde en iedereen voor zich wist in te nemen.

Nadat ze een ronde hadden gemaakt door het huis, dronken ze nog een glas in de wijnkelder, die zo groot was als een klein café. Jan vertelde dat hij oorspronkelijk uit Dordrecht kwam; zijn vader had daar een wijnhandel gehad. Het was de bedoeling geweest dat hij zijn vader zou opvolgen, maar dat weigerde hij. Hij had de boot naar Engeland genomen. Tweeentwintig was hij toen; geld of een plan had hij niet.

Anna herinnerde zich dat ze zelf ook tweeëntwintig was toen ze van haar moeder was weggevlucht.

Jan was in Engeland een handel in Hollandse eieren begonnen. 'Nog succesvol ook,' lachte hij. Totdat hij als illegale vreemdeling op de boot naar Nederland was gezet. Daarna kwam hij via een kennis bij de KLM in Amsterdam. Luchtpostbrieven afhandelen, koffers en mensen wegen, alles had hij gedaan.

'Op een dag stond ik de ramen te lappen van het KLM-kantoor op het Leidseplein in Amsterdam,' ging Jan verder. Hij was duidelijk gewend lang aan het woord te zijn.

'"Kunt u iets voor me doen?" vroeg iemand terwijl ik bezig was.

"Het spijt me, maar ik moet éérst die ramen schoon krijgen" zei ik.

"Weet u wel wie ik ben?" vroeg de man.'

Jan lachte nu breed. 'Bleek het Albert Plesman te zijn, de grondlegger en president-directeur van KLM!'

Zijn ijver beviel Plesman wel, zei Jan. Ze waren bevriend geraakt. Hij mocht van Plesman studeren aan Harvard, in Amerika, later kon hij zich opwerken tot manager. Hij had overal gezeten. Wenen, Boedapest, het verre Oosten, Israël...

'Boedapest?' vroeg ze.

Jan bleek vlak voor de oorlog het kantoor van de KLM in Boedapest te hebben geleid.

Ze konden er niet over uit. Misschien waren ze elkaar wel gepasseerd op straat, of hadden ze gelijktijdig een taartje gegeten bij Gerbeaud, het beroemdste koffiehuis van de stad.

'Het is jammer dat ik je toen niet heb ontmoet,' zei Jan.

Ze voelde zich vreemd nadat hij afscheid had genomen. Jan van Oldenborgh was maar een uur binnen geweest, en nu al kwam hij haar vertrouwder voor dan haar eigen echtgenoot.

Harry's vader verhuurde een aantal huizen in Zürich. In de buitenwijk Höngg, een keurige middenklassebuurt, bezat hij een klein appartementencomplex. Vlak voordat Harry terugkwam uit Azië, hadden de Kellers daar een flat ingericht voor hun zoon en schoondochter. De meubels waren sober, veel grijs en zwart. In de kelder stond een tobbe waarin met de hand de was werd gedaan; elke huisvrouw uit het complex had haar eigen wasdag.

Voor het eerst van haar leven had Anna een huishouden. Hoewel Harry personeel in India vanzelfsprekend had gevonden, begreep hij niet waarom ze in Zürich een hulp zouden nemen: dat werk kon een vrouw toch zelf ook en misschien wel beter, en wist ze wel wat dat allemaal kostte? In Zwitserland waren alle getrouwde vrouwen thuis, zei Harry. Het zou ook vreemd worden gevonden als ze weer een baantje zocht. Ze kon beter een voorbeeld nemen aan de echtgenote van zijn broer. Die vond het heerlijk de hele dag voor haar man te zorgen, het huis te poetsen en de tuin te wieden.

Ze nam een hond. Een herder, Carlo. Elke ochtend maakte ze een grote wandeling over de heuvels achter hun huis. Daarna deed ze boodschappen, haalde ze een zwabber door de kamer en was ze met alles klaar voor die dag. Soms ging ze naar een kennisje om samen een jurk te naaien of te knutselen. Maar echte vriendinnen had ze niet in Zürich. Het klikte niet tussen haar en de Zwitserse vrouwen. Ze was anders. '*Verrückt*,' zei Harry. In India had hij dat nog wel leuk gevonden. Maar nu hij weer in Zwitserland was, leek het hem te spijten dat zijn echtgenote niet meer leek op de vrouwen die hij om zich heen zag. 'Waarom vul je de bloembakken niet leuk op, net als de buurvrouw?' vroeg hij. Maar daar had Anna helemaal geen zin in. Vaak lag de middag leeg voor haar. Als ze echt niets wist te verzinnen – en dat gebeurde vaak – nam ze een tablet valium en sliep ze tot het tijd werd om eten te koken.

'Hoe was je dag?' vroeg Harry als hij 's avonds thuiskwam.

'Lekker rustig,' zei ze dan.

Hij merkte niets van de valium. Zoals hij ook geen idee had van Jan.

Hallo liefde,

stond er boven het eerste briefje dat Jan haar stuurde. Kort daarvoor hadden ze elkaar opnieuw ontmoet. Ze hadden samen gegeten in Den Haag. Daarna had Jan haar uitgenodigd in zijn flat. Hij woonde daar alleen. Ze had zich laten verleiden. Zij! Ze wist niet dat ze nog verlangen had. Maar bij Jan was alles anders. Dit is het echt, had ze gedacht. Zo kon het dus ook.

Je schreef dat je ziek was. Nu ik weet dat je aan bed gekluisterd bent (op zichzelf een gezellig idee) denk ik erg lief aan je. Maar niet te lief want dat is niet goed voor je en trouwens ook niet voor mij. Slaap zacht lieve kleine. Hoop vurig dat je gauw weer beter bent. Try to make the best of it. Je Jan.

Zodra ze kans zag – meestal wanneer Harry op zakenreis ging of als ze bij haar moeder op bezoek was in Nederland – maakte ze een afspraak met Jan. Ze ontmoette hem op het vliegveld van Zürich, in hotels, in de bar van het Hilton in Amsterdam. Meestal had hij weinig tijd. Hij was altijd onderweg voor de KLM, moest landingsrechten regelen in Lima of onderhandelen met Moskou. Als hij al ergens bleef was het voor een korte tussenstop.

STAYING FRIDAYNIGHT 6/3 HOTEL STORCH ZUERICH. HAVE YOU TIME FOR DINNER — JAN VAN OLDENBORGH — 'S GRAVENHAGE 3/3/1959

Hij zag haar graag, zei hij. Maar ze wist ook dat ze niet de enige was. Ze durfde nergens op te hopen. Jan was éérst getrouwd met de KLM – hij werd door iedereen 'Jan KLM' genoemd –, daarna had hij nog een vaste vriendin in Dordrecht, wie hij op zijn manier eeuwige trouw had beloofd, er waren nog andere liefjes in verre steden en vervolgens kwam zij, de huisvrouw uit Zürich.

Tien jaar hield ze het vol. Ze haalde een diploma porselein schilderen en deed een cursus boekbinden, ze leerde truien en mutsen breien en werd erg goed in klaverjassen. Vaak begreep ze niet wat haar in Zürich hield. Ze kende zichzelf niet meer terug. Zo lusteloos, apathisch bijna. Ze hielp ook niet meer. In Zürich kende ze niemand die zich voor armen of zieken inzette. Het was een stad van banken, zaken en geld. Het enige waar ze nog naar uitkeek, waren haar afspraakjes met Jan en de ontmoetingen in het buitenland met vrienden en kennissen. Toch had ze niet de moed eruit te breken. Misschien was dat vreemd. Tijdens de oorlog had ze haar leven gewaagd voor anderen. Maar nu het om haarzelf ging, durfde ze niks en hield ze vast aan wat ze had. Wat moest ze ook? Ze kon weer in een hotel gaan werken, ze had tenslotte een diploma van de Schweizer Hotelier-Verein, maar ze zag zichzelf nog niet in haar eentje in een ongezellige Zwitserse stad zitten. Ze was te trots om met hangende pootjes terug te gaan naar haar moeder. En ze had het lef niet meer om wéér alles achter zich te laten en erop te gokken dat ze de man die ze wilde wel zou krijgen, zoals ze in 1942 had gedaan.

Totdat dat pakje kwam, op haar zesenveertigste verjaardag, met de brief die ze daarna altijd in haar handtas zou dragen.

Jan had het pakje via haar nicht Henny meegegeven aan haar moeder, die geen idee had van de explosieve inhoud. In het pakketje bleken twee pakjes te zitten, waarvan ze er één, zo schreef Jan, pas mocht openmaken als ze alleen was, 'misschien buiten op een wandeling'.

In de middag van 24 juni 1966 klom ze met haar hond Carlo de heuvel achter hun wijk Höngg op. Aan de rand van het bos stond een bankje, met uitzicht over een uitgestrekt weiland. Er was niemand te zien. Ze maakte het pakje open en vond eerst de brief.

Liefste Anna,
In de allereerste plaats mijn beste wensen voor je verjaardag.
Het zal niet de prettigste verjaardag van je leven zijn, maar je bent sterk genoeg om het op te kunnen vangen.
Hierbij mijn cadeautje. Het is bedoeld als een tastbare uiting van mijn dankbaarheid omdat we zo gelukkig waren.
Heb het met opzet eenvoudig gehouden opdat je het veel en

*ook dagelijks kunt dragen. Als je het dan eens moeilijk hebt,
dan hoop ik dat je bij het zien je stellig zult herinneren hoe
gelukkig ook jij was.*
*Er zit een kronkel in. Dat kun je symbolisch opvatten en is voor
velerlei uitleg vatbaar. In ieder geval is het mijnerzijds erg,
erg lief bedoeld. 'Je Jan'*

Ze had daarna het pakje opengemaakt. Het was een ring. Een
platina ring met een kronkel erin.

Even zag ze Jan scherp voor zich. 'Je bent gek!' kon ook hij
zeggen. Maar hij was de eerste en enige man die altijd breed
lachte als hij dat zei.

Ze schoof de ring om haar vinger. Hij paste precies. De bril-
janten die erop zaten, schitterden in de zon.

Wel een uur zat ze op dat bankje. Steeds weer pakte ze de
brief en las hem over. Toen liep ze met de hond naar huis. De
ring hield ze om. Het zou Harry toch niet opvallen en anders
verzon ze wel wat.

Op een van de laatste foto's waar ze samen met Harry op staat,
zie je hen voor een schiettent op de kermis. Harry heeft een
geweer tegen zijn schouder, hij houdt één oog gesloten en mikt
met een verbeten grimas op zijn doel. Hij is dikker geworden.
Zijn grijze broek moet hoog over zijn buik worden opgehesen.
Bij zijn slapen begint hij te kalen. Anna staat naast hem. Ze
draagt een jurk, over haar schouders heeft ze losjes een gewat-
teerd jasje geslagen. Haar halflange haar is zorgvuldig naar
binnen gekruld, om haar hals draagt ze een parelketting. Alles
netjes, zoals altijd. Toch is er iets aan haar veranderd. Ze kijkt
niet uitdagend in de lens, haar gebruikelijke pose, maar staart
zo'n beetje schuin weg naar de grond. Haar ogen staan dof. Op
haar gezicht zijn de eerste rimpels verschenen. Het zal haar een
zorg zijn of Harry raak schiet of niet. Zij is al ergens anders.

Er was geen echte aanleiding geweest. Geen knallende ruzie, geen innerlijke crisis. En ze was nog steeds niet zeker van Jan, die, hoewel hij al zesenvijftig was, vastbesloten leek eeuwig vrijgezel te blijven.

Toch hoorde ze zichzelf op een avond tegen Harry zeggen: 'Ik ga bij je weg. Het is beter voor ons als we uit elkaar gaan. Morgen vertrek ik naar Amsterdam.'

Het was in het voorjaar van 1967, ruim een halfjaar nadat ze de kronkelring van Jan had gekregen die ze sindsdien dagelijks had gedragen.

Er waren wel gesprekken tussen Harry en haar geweest, ook met vrienden van hen erbij, onhandige gesprekken waarin ze elkaar weinig duidelijk hadden kunnen maken.

'Jij hebt een andere vrouw nodig,' zei ze dan. 'Eentje die zorgzamer is, meer toegewijd aan jou en het huishouden.'

Harry ontkende, altijd. 'Waarom?' vroeg hij. Ze hadden het toch goed zo?

'Maar ik maak je niet gelukkig.'

'Nou, dat gaat best hoor.'

Ook toen ze aankondigde dat ze echt weg zou gaan, begreep hij het niet. Waarom zo plotseling? vroeg hij. Hij had haar toch niks gedaan?

'Het is echt beter zo. Je zult het zien.'

Over Jan zei ze geen woord.

Ze laadde een paar spullen in de kleine Volkswagen die ze van haar spaargeld had gekocht, waaronder haar fotoboeken, het koffiestel van haar moeder en de zilveren doopkan die ze ooit cadeau had gekregen van een Hongaarse familie die ze had helpen vluchten. Ook de herdershond nam ze mee.

Harry stond bij het tuinhek toen ze wegreed. In haar spiegel zag ze dat hij nog aarzelend zijn hand opstak voordat ze de bocht om verdween.

VIERDE DEEL

14

Estoril — Cascais *1967-1999*

Op de Dam werd die zomer de *summer of love* gevierd door langharige jongeren die zichzelf hippies noemden. Intussen beleefde Anna haar eigen nieuwe jeugd. Na haar vertrek uit Zürich was ze ingetrokken bij haar nicht Henny, die op de Herengracht in Amsterdam nog een zolderkamertje vrij had. Jan kwam er vaak. Anna waste zijn sokken in het piep-kleine gootsteentje en 's avonds aten ze nasi met het bord op schoot.

Nog nooit had hij haar zo vaak geschreven.

Anna, net thuis gekomen in Den Haag na ons telefonisch contact! Niet vreemd maar wel erg leeg! Of ik nu kom in de badkamer, de keuken, de bar, de proviandkamer, de slaap-kamer, de eetkamer, het voorportaal, de kleedkamer, noem maar op: het is leeg zonder jou, alhoewel alles doordrenkt is van je aanwezigheid.
Ik heb je nog zo veel te zeggen, maar heb eigenlijk alles en alles reeds gezegd. Alleen dat ene dat eigenlijk niets zegt maar aan de andere kant alles zegt: ik hou van je, ik mis je hier, het is zo leeg zonder je, maar aan de andere kant ben ik zo ver-vuld van je dat ik je niet mis want ik weet dat je in gedachten bij mij bent. Voel mij daarom in alle leegte zo gelukkig.

Toch aarzelde Jan. Toen hij jong was, had hij zijn eerste grote liefde beloofd nooit te zullen trouwen. Joops heette ze, en ze was nog steeds zijn vriendin, ook al was ze allang getrouwd en had ze een zoon.

Anna wist het al jaren. Ze had er nooit iets van begrepen. Jan was Joops' minnaar en ging met haar man zeilen, en iedereen leek dat heel gewoon te vinden. En die belofte van hem die nam Jan ernstig, want hij was een man van zijn woord.

Liefste!

Even in dolle haast. Vliegtuig is reeds afgeroepen. Fijn dat ik je nog even aan de telefoon had. We weten het van elkaar maar al te goed. Aan de ene kant moeilijkheden, aan de andere kant dat stralende geluk dat wij beiden hebben. Het zal niet eenvoudig zijn voor ons beiden een beslissing of beslissingen te nemen. Dat afscheid was naar, maar dat komt omdat ik het helemaal niet leuk vond om afscheid van je te nemen. Ook zat ik met mezelf in de knoop. Gevoelsleven, verantwoordelijkheid, trouw, liefde (dit is wellicht niet de goede volgorde) leeftijd etc. etc. spelen nu eenmaal een rol. Weet echter en ik weet het ook dat je constant in mijn gedachten bent.

Ze was te trots om op hem te gaan zitten wachten. Vaak deed ze of ze het ook heel druk had, of veinsde ze dat ze met een andere vriend ging eten. Maar van dat spel – dat ze ook met Géza had gespeeld, lang geleden – had ze al snel genoeg. Ze wilde Jan. Steeds beter was ze gaan inzien hoe veel ze op elkaar leken. Hij had ook die rusteloosheid, die niet-aflatende nieuwsgierigheid en die behoefte om steeds weer te vertrekken. Nu werd het tijd dat ze samen thuiskwamen.

Jan was bij haar op bezoek geweest. Hij moest weg, hij had nog veel te doen, zei hij. Misschien ging hij wel naar die andere vrouw. Voor de deur hield ze hem tegen.

Toen deed ze het 'allerbeste' wat ze ooit had gedaan.

'Wacht even,' zei ze.

'Wat?'

'Je moet kiezen. Of we trouwen, of ik vertrek. Ik kan een goede baan krijgen in een hotel in Wenen, dus als ik wil, ben ik weg.' Dat laatste was niet waar, maar dat deed er niet toe.

Jan was verbijsterd. Zo kende hij haar niet.

'Ze doet het echt hoor, ze gaat naar Wenen,' liet Anna haar nicht Henny later nogmaals tegen hem zeggen.

Vervolgens ging Jan om, tot grote verbazing van iedereen die hem kende. Op zijn zevenenvijftigste besloot hij alsnog te gaan trouwen. Hij ging naar haar moeder om haar hand te vragen, hij schreef een lange en moeilijke brief aan 'zijn' Joops en kreeg toen ineens vreselijke haast.

In de late herfst van 1967 kwam Harry naar Nederland om de scheiding te bespreken. Anna haalde hem met de auto op van Schiphol.

'Wil je even stoppen?' vroeg Harry terwijl ze langs de Bosbaan in het Amsterdamse Bos reden.

Ze zette de auto langs de kant; zwijgend zaten ze naast elkaar.

'Wil je echt scheiden?'

Hij kon het nog steeds niet geloven.

'Ja,' zei ze alleen maar, 'ik weet het zeker.'

Harry wist nog altijd niks van Jan; daar zou hij pas later achter komen.

'Goed,' zei Harry aarzelend.

De rest van de rit zeiden ze geen woord.

Anna kon niet meteen opnieuw trouwen. De Nederlandse wet schreef voor dat er tussen de scheiding en het volgende huwelijk negen maanden verstreken moest zijn. Dat duurde Jan veel te lang, zei hij. Ze besloten daarom naar Kopenhagen te gaan, waar Jan, die inmiddels directeur Nederland was van KLM, contacten had; de procedure was er sneller.

Het nieuws van hun trouwen, op 28 maart 1968, haalde de voorpagina van het dagblad *Berlingske Tidende*. Er stond ook een foto bij van de 'KLM directør Holland' met zijn vrouw. Jan, nu bijna grijs, had zijn arm door die van Anna gestoken. Hij zag er moe maar tevreden uit. Anna droeg een crèmekleurig mantelpak en een hoedje en keek rustig, opvallend rustig in de lens.

Een gedistingeerd, ouder paar, voor wie het leven in zekere zin nog moest beginnen.

Een van hun eerste reizen voerde naar Boedapest. Jan wilde dat al lang, hij had goede herinneringen aan de stad. Zelf wilde Anna ook graag terug, vooral om haar oude vrienden weer te zien. Zo had ze altijd contact gehouden met Tivi Márk, die was uitgegroeid tot een van de belangrijkste Hongaarse theater-kostuumontwerpers.

Het was niet voor het eerst sinds 1948 dat Anna weer naar Boedapest ging, al had het lang geduurd voordat ze terugkeer-de, precies zoals ze had voorvoeld toen ze met Dóra's kinderen de grens overging. Jarenlang kreeg ze geen visum van de Hon-gaarse autoriteiten; ze stond kennelijk op een zwarte lijst en kwam daar niet van af. Maar begin jaren zestig mocht ze tot haar verbazing plotseling het land weer in. Hoewel Harry het een 'idioot idee' vond, was ze toen in haar eentje een paar dagen in Boedapest geweest. Het was de eerste keer dat ze ach-ter het IJzeren Gordijn was. De stad stond weer helemaal over-eind – al kon je, als je goed keek, nog op veel muren sporen van granaatinslagen zien – maar leek nog in weinig op het Boedapest dat ze van voor de oorlog kende.

Ze had toen ook Géza weer ontmoet. Nieuwsgierig hoe het met hem was, had ze gebeld naar het huis waar zijn moeder vroeger woonde, op de Nyúl utca. Hij nam zelf de telefoon op; ze spraken af elkaar te ontmoeten in een restaurant. Ze herkende Géza bijna niet toen hij binnenkwam. Hij was dik geworden en maakte een uitgebluste indruk. Ze begreep niet wat er met hem gebeurd kon zijn. Géza wilde niet veel zeggen over wat hij had meegemaakt. 'Ik heb een mollenleven geleid,' zei hij alleen – waarna hij zichzelf nog eens inschonk. De ontmoeting had haar na afloop nog lang beziggehouden. Ze probeerde zich Géza voor de geest te halen zoals ze hem vroeger had gekend. Maar dat lukte bijna niet. Steeds schoof het beeld van die gedesillusioneerde oude man ervoor. Het enige moment waarop ze iets van zijn oude begeestering had gezien, was toen hij sprak over zijn dochter, zijn Cica met de kattenogen.

In september 1969 stapten Anna en Jan in Lissabon op het vliegtuig naar Boedapest. Jan was eerder dat jaar door de KLM overgeplaatst naar Portugal en sindsdien woonden ze in Estoril, een badplaats in de buurt van Lissabon waar veel expats een villa bezaten. Ze hadden het er goed. Een groot huis, veel recepties en visites, lange wandelingen met de hond langs de oceaan. Nog bijna elke dag verbaasde Anna zich erover dat iets wat zo lang onmogelijk had geleken – gelukkig samenleven met een man – nu zo vanzelfsprekend was, zo gemakkelijk ook; ze hoefde er helemaal niets voor te doen.

'Waar zullen we logeren in Boedapest?' had Jan gevraagd.

'Ik ken nog wel een goed hotel. Het Gellért,' zei ze. 'Prachtig gelegen, in het centrum, vlak naast de Donau.'

Ze stond weer in de hal van het Gellért. De ontvangsthal met de acht dikke zuilen rondom. Ze begroette de receptionist in het Hongaars, Jan zei lachend dat hij al die plekken waar zijn vrouw had gewoond niet meer bij kon houden. Ze gingen met de lift naar boven, installeerden zich in hun kamers en suite met uitzicht op de Donau, haalden een whisky uit de minibar en proostten op wat Jan 'good old Boedapest' noemde.

Achteraf gezien was het misschien vreemd, dat ze ook toen niet moest denken aan wat er allemaal in het Gellért was gebeurd. De Pijlkruisers, de Duitse officier, de andere arrestanten die waren verdwenen in het ijskoude water. Ze kon er niet bij. Het luik was dicht. Ze miste de woorden. Tegen Jan zou ze alles kunnen zeggen, maar ook bij hem zweeg ze. Hij wist niet meer dan dat ze tijdens de oorlog in Boedapest voor het Zweedse Rode Kruis had gewerkt – een mededeling waar iedereen al jaren genoegen mee nam omdat het zo helemaal 'goed' en degelijk klonk.

Tivi woonde samen met zijn zuster Edit in een appartement aan de Donaukade, met uitzicht op het Parlementsgebouw. Ze was blij hem weer te zien; hij was nog even aardig als ze zich herinnerde.

'Het is heel aangenaam kennis met u te maken,' zei Tivi in een ietwat archaïsch Nederlands tegen Jan.

Nadat ze hadden bijgepraat en samen een glas hadden gedronken, zei Tivi opeens: 'Weet je nog, Anna, die keer dat jij ons een injectie kwam geven?'

Ze had geen idee waar hij het over had.

'Ja, tijdens de *ostrom*, de Russische belegering! Edit en ik zaten de hele tijd in een kelder onder ons huis op de burcht. Je weet toch dat veel van die kelders door gangen met elkaar verbonden waren? Opeens zagen we jou. Je doemde op uit het donker, met een klein lichtje in je hand. We wisten niet wat we zagen! Je was met een dokter en je had een witte jas aan. Jullie gaven tyfusvaccinaties. Nou, die wilden wij ook wel. Van onze eigen Florence Nightingale!'

Nu herinnerde ze zich het weer. Ze was met Otto geweest. In het Szikla Kórház hadden ze bijna niks meer, maar er waren vreemd genoeg nog wel veel tyfusvaccinaties over. Op een dag waren ze via de ondergrondse gangen op zoek gegaan naar mensen die nog niet gevaccineerd waren.

Iedereen lachte. 'Rare tijden waren het,' zei ze. Toen begon ze snel over iets anders.

'Wat deed jij nou als verpleegster onder de burcht?' vroeg Jan later.

194

Ze vertelde dat ze een tijd in een ondergronds ziekenhuis had geschuild voor de bombardementen en daar toen ook 'een beetje had geholpen'.

Ze wilden net in koffiehuis Gerbeaud nog iets bestellen, toen Livia aan kwam rennen, Jans vroegere secretaresse op het KLM-kantoor in Boedapest.

'Anna, er is gebeld. Je moeder. Ze is erg ziek.'

Nog diezelfde dag gingen ze terug naar Amsterdam. Ze waren pas drie dagen in Hongarije.

Haar moeder was eenennegentig jaar. Ze had een hersenbloeding gehad en was opgenomen in een ziekenhuis. Al maandenlang voelde ze zich zwak. Ze was van plan geweest naar Portugal te komen, maar stelde de reis steeds uit.

Lieve Anna, als ik in juni alles hier heb geregeld, overweeg ik veertien dagen naar Badenweiler te gaan om wat aan te sterken, voordat ik naar jullie toe kom. Ik ben hier door alles geestelijk sterk achteruit gegaan; een andere omgeving is voor mijn gedachtengang bepaald nodig. Ik vergeet veel, kan niet op namen komen etc. Ik ben liever niet meer in leven dan dat ik zo blijf. Alles eenzaamheid.

Op 14 september 1969 kwam Anna in de avond aan in Amsterdam. Haar moeder was niet meer bij. Toch moest ze voelen dat zij er was, want ze pakte stevig haar hand vast en liet die niet meer los.

'Anna, kind, weet dat ik er alleen nog voor jou ben,' had ze op één van haar laatste kaarten geschreven.

Nu kon ze haar dochter eindelijk loslaten.

De volgende dag sliep haar moeder rustig in.

'Ze heeft op u gewacht,' zei de zuster die haar verpleegde. 'Ze zei: "Mijn dochter komt terug uit Boedapest."'

Met Jan reisde ze terug naar Badenweiler, naar Merano en Wenen; hij wilde alles van haar verleden weten.

Ze had maar een rare jeugd gehad, vond Jan. Toen haar moeder nog leefde, had hij haar dat ook een keer gezegd.

'Waarom hebt u Anna heel Europa door gesleept?' vroeg hij. 'Dat is toch helemaal niet goed voor een kind, dat rusteloze. Een kind moet toch ergens wortelen.'

En toen, lachend naar Anna: 'U ziet wat ervan geworden is! Ik kan nog geen halfuur met haar op een terrasje zitten of ze zegt alweer dat ze "even om de hoek wil kijken". Ik word er doodmoe van!'

Maar haar moeder had het niet grappig gevonden.

Anna maakte engelen in die tijd. Goudkleurige, onschuldige engelen, van oude lappen die ze stijfselde met béchamelsaus. Jan moedigde haar aan. 'Ze zijn prachtig, je moet er meer maken.' Terwijl ze bezig was, aan hun kleine eettafeltje in de keuken in Estoril, keek ze steeds weer op de klok. Nog drie uur en dan kwam hij thuis van zijn werk. Nog twee uur. Nu nog even. En intussen had ze geen enkele drang ergens naartoe te gaan. Gewoon thuis te zijn en te wachten, te wachten totdat hij weer bij haar zou zijn.

Die momenten dat het stil was in huis. Hij met z'n krantje achter zijn bureau, zij bezig in de keuken. En dan plotseling zijn stem: 'Schat, ik ben gelukkig!'

Waarop zij riep: 'Ik ook!'

Vervolgens weer de rust, de stilte die alleen werd onderbroken door een brommer die op straat voorbijscheurde.

Na Jans pensionering verhuisden ze naar Cascais, een kleinere, wat minder mondaine plaats in de buurt van Estoril. Ze kochten er een ruime vierkamerflat met grote balkons. Het was hun eerste eigen huis. Allebei hadden ze altijd in huizen van anderen gewoond, die niet door henzelf waren ingericht. Nu zochten ze samen meubels, kleden en schilderijen uit. Voor het eerst had Anna niet meer het gevoel dat ze bij zichzelf op visite was.

♦

Er werd hard op de deur gebonkt. Wel een paar keer. Ze wist zeker dat het de Russen waren. De Russen stonden voor haar huis en kwamen haar halen. Ze lag in bed. Ze kon geen kant op. Ze moest haar revolver hebben. Waar was haar revolver? Ze moest hem hebben, nu meteen, voor het te laat was, ze moest opspringen en…

Iemand schudde aan haar arm. 'Wat heb jij nou?' vroeg Jan.

'Ik droomde,' zei ze, nog slaperig. 'Een nachtmerrie denk ik.'

'Je schreeuwde. Je riep: "Waar is mijn revolver?!" En toen nog een keer. "Waar is mijn revolver!"'

'Wil je een glas water halen?'

Het was vier uur 's nachts. In hun slaapkamer was het warm. Buiten hoorde ze de honden blaffen. Hun nieuwe buren in Cascais hadden veel honden, die liefst 's nachts veel lawaai maakten.

Terwijl ze haar glas leegdronk, keek Jan haar nog steeds verwonderd aan. 'Wat moet jij nu met een revolver?' vroeg hij.

'Het was maar een droom. Laten we gaan slapen.'

Jan deed het licht uit en ging dicht naast haar liggen. Terwijl ze naar zijn ademhaling luisterde, dacht ze aan de jonge Rus die ze al die jaren had willen vergeten – maar die zich nu niet langer liet wegstoppen in het donker.

'Wat was er vannacht?' vroeg Jan toen ze de volgende dag zoals gewoonlijk samen een borrel dronken; hij een pilsje met een jenever ernaast en zij een wodka met ijs.

'Ik droomde over de oorlog,' zei ze. 'Over de Russen. Er is iets gebeurd toen… Ik bedoel: er is zoveel gebeurd in Boedapest…'

Ze praatte eroverheen. 'Je weet toch hoe erg het met de Russen was?' zei ze snel. Ze vertelde over de soldaten die na de bevrijding feest mochten vieren en zich beestachtig hadden gedragen. 'Het was een puinhoop, onvoorstelbaar.' Zelf was ze tijdens die dagen in het ondergrondse ziekenhuis, ging ze in één adem verder. Ze had zich daar moeten verstoppen. Voor de Pijlkruisers, de Hongaarse nazi's. Ze werd toen gezocht, omdat ze voor Wallenberg had gewerkt.

'Ik snap er niks meer van,' zei Jan.

Zoals vaker had ze geprobeerd in telegramzinnen haar verhaal te doen, springend van hoogtepunt naar hoogtepunt, zonder stil te staan bij alles wat daartussen lag.

'Je bedoelt toch niet dé Wallenberg?'

Juist in die tijd, halverwege de jaren tachtig, was de verdwenen Zweedse diplomaat veel in het nieuws. Er deden steeds wildere verhalen de ronde over wat er met hem gebeurd kon zijn sinds hij in Russische handen was gevallen. Volgens de officiële Russische lezing was Wallenberg in 1947 in een gevangenis in Moskou overleden aan een hartaanval. Maar dat geloofde eigenlijk niemand. Russische ex-gevangenen beweerden dat ze Wallenberg nog pas hadden gezien in een psychiatrische inrichting. Zijn heldenstatus – redder van de Hongaarse joden, slachtoffer van de Goelag – had mythische proporties aangenomen.

'Heb je echt voor hem gewerkt?'

Toen begon ze te vertellen. Ze wist niet dat ook zij zo lang aan het woord kon zijn. En Jan luisterde, heel aandachtig, zonder haar te onderbreken. Zo nu en dan schonken ze elkaar nog iets in.

Ze vertelde over Dóra en de familie Stein, over de Zweedse passen in haar kast, over de dodenmarsen, over de drie oude dames die ze had willen helpen en over haar arrestatie in het

Gellért. Het verbaasde haar zelf hoe nuchter ze erover sprak. Ze zag het allemaal als een film voor zich, een versneld afgespeelde zwart-witfilm van erg lang geleden.

Toen herinnerde ze zich de brieven. De verklaringen die ze, op aanraden van Faure, in 1946 door haar vrienden en kennissen had laten schrijven omdat er werd geroddeld dat ze met de Duitsers zou hebben samengewerkt. Ze liep naar de wandkast in Jans werkkamer, waarin ze de doos bewaarde met brieven en documenten uit haar Boedapesttijd. Jarenlang had die doos bij haar moeder in het pension gestaan. Na haar moeders dood had ze hem verhuisd naar Estoril en daarna naar Cascais. De doos was nog steeds stevig dichtgebonden.

'Ik heb nog wat,' zei ze, terwijl ze met Jans brievenopener de touwtjes lossneed. Het stapeltje verklaringen zat netjes bij elkaar. Ze gaf ze aan Jan. Zelf had ze de brieven nooit meer overgelezen. Jan ging achter zijn grote, antieke bureau zitten en zette zijn leesbril op. Zelf bladerde ze wat in een tijdschrift. Af en toe keek ze naar Jan. Hij zei niets. Na een paar brieven kwam er één die wat langer was. Hij las hem heel aandachtig. Ze zag dat er een traan over zijn wang rolde.

'Dat jij dit hebt gedaan,' zei hij zacht.

'Van wie is die brief?'

Hij gaf het papier aan haar. De brief was van meneer Perint, haar tandarts, van wiens vrouw ze nog lessen in modeontwerp had gehad.

Mejuffrouw Boom heeft niet alleen een deel van onze bezittingen voor ons bewaard, ze heeft ons ook het leven gered. In een tijd dat menigeen zich liet afschrikken door de bloedige vergeldingsmaatregelen van de Pijlkruisers, dacht zij er niet aan haar hulp te beëindigen. Toen alle ons goedgezinde vrienden ons reeds verlaten hadden, was zij de enige die mij, mijn vrouw en dochtertje tijdelijk onderdak bood.

Maar niet alleen wij waren deze gelukkigen, haar woning was altijd vol met hulpzoekenden. Ik weet – ik heb het zelf gezien

en ik kan het bevestigen – dat ze zich dag en nacht heeft ingezet en heeft gedaan wat ze kon. De een heeft ze een schuilplaats gegeven, de ander papieren en wie kleding nodig had gaf ze zonder nadenken haar eigen jas of broek.
Ik weet dat ze bij het Zweedse Rode Kruis werkte en dat haar naam in kringen van vervolgden een begrip was.

Nu herinnerde ze het zich weer. Hoe ze dat dochtertje van Perint een keer in haar diepe kast had verstopt. Ze zou haar later naar een ander adres brengen. Het was nog bijna misgegaan. De huismeesteres van het pension kwam plotseling binnenlopen. Die vertrouwde ze niet; ze wist niet waarom. Gelukkig had ze kort daarvoor van Géza een paar blikjes vlees gekregen. 'Wat toevallig, ik wilde u net iets lekkers komen brengen,' zei ze snel – en zo kreeg ze haar weer naar buiten, want de huismeesteres was erg geïnteresseerd in eten.

Terwijl Jan verder las, pakte zij de brieven die hij al aan de kant had gelegd.

Ik, ondergetekende, Elisabeth Biró, ben de huishoudster geweest op de Pauler utca nummer 13. Ik heb mejuffrouw Boom daar leren kennen. Ik ben er getuige van geweest dat zij gearresteerd werd door de Gestapo.
Er kwam een Duitse militair aan de deur die naar mejuffrouw Boom vroeg. De mejuffrouw was niet op de kamer, ik heb haar uit een andere kamer geroepen. De Duitse soldaat heeft toen de naam en andere gegevens van de mejuffrouw gevraagd en haar toen meegenomen. Ik heb door het raam gezien hoe ze door die Duitse soldaat op straat werd weggevoerd. Ik heb me erg druk gemaakt over het lot van mejuffrouw Boom en ben naar verschillende kennissen gerend om hulp te vragen. Ik was bang dat ik haar nooit meer zou zien. Ze had zoveel gevaarlijke dingen gedaan en ook zoveel vervolgden thuis ontvangen, soms zelfs een paar dagen verstopt, dat ik het ergste vreesde.

De Gestapo? Ze kon zich niets van een arrestatie herinneren. Vaag stond haar bij dat ze wel eens door de Russen was aangehouden. Maar dat was na de oorlog. Ze zag een kaal bureau voor zich met een felle lamp. Vervelende mannen die door haar adresboekje bladerden en vragen stelden over met wie ze omging. Maar ze was toch nooit verhoord door de Duitsers?

Jawel. Nu wist ze het weer. Het was alleen geen arrestatie. En er stond niet één Gestapoman bij haar voor de deur, maar het waren er twee. Was Elisabeth dat vergeten? Of ging het om verschillende gebeurtenissen? De mannen van de Gestapo wilden graag binnenkomen. In haar kamer zeiden ze dat ze wisten dat ze voor Wallenberg werkte. (Hoe? Door wie? Daar was ze nooit achter gekomen.) De mannen vroegen of ze hun geen lijst kon bezorgen van medewerkers van de Zweden. Daar waren ze erg in geïnteresseerd. Ze had gezegd dat ze zou zien wat ze kon doen en was daarna snel naar Dóra gegaan. Die stelde haar gerust. Ze kon wel voor haar aan zo'n lijst komen. Wallenberg wist wie er bij de Duitsers bekend waren. Na een week kwamen de Gestapomannen terug. Ze waren heel tevreden over haar, zeiden ze. Als ze wilde, kon ze nog wel meer voor hen doen. Ze zou er goed voor worden betaald. Om tijd te winnen zei ze dat ze erover zou nadenken. Toen wist ze het niet meer. Ze wilde van die mannen af. Ze was bang dat ze haar onder druk zouden gaan zetten. Uiteindelijk was ze naar Scholz gegaan, Herbert Scholz van het Duitse consulaat. Hij was de hoogste Duitser die ze kende in Boedapest. Een nichtje van haar Oostenrijkse tante Gondy was ooit met hem verloofd geweest. Ze had wel eens met hem gegeten. 'Wat hebben ze dat *dumm gemacht*,' zei Scholz toen ze hem het verhaal – eerlijk, dat was nu het beste – vertelde. Hij was verontwaardigd. Hadden ze dat echt aan haar gevraagd? *Wie dumm.* Ze moest er niet op ingaan, zei hij. Gewoon helemaal niet meer reageren. Dan kwam het wel goed. Daarna had ze nooit meer wat van de Gestapo gehoord; ze vermoedde dat Scholz – van wie ze altijd dacht dat hij ook iets te maken had met de geheime dienst – daarvoor had gezorgd. Maar of dat ook zo was, had ze hem nooit kunnen vragen, want na de oorlog was hij spoorloos verdwenen. Ook tante Gondy en haar familie hoorden niets meer van hem. Er werd gezegd dat hij naar Brazilië was gevlucht.

Jan keek op van zijn brieven. 'Je moet een echte beschermengel hebben gehad,' zei hij, 'dat je hier allemaal doorheen bent gerold.'

Hij was nog steeds ontroerd, zag ze aan zijn gezicht. Jan kon erg emotioneel zijn. Als hij ging speechen voor de KLM kon hij ook zomaar volschieten. Hij verbaasde zich er soms over dat zij vaak zo onderkoeld reageerde.

Jan las door. Er waren meer dan tien brieven, onder anderen van Mechtild Saternus, Otto Gratz, Jeanne Bruck – wier drie oude tantes ze had proberen te redden – en de directeur van het Gellért, die getuige was geweest van haar arrestatie.

Van de familie Stein bezat ze geen getuigenis. Na de oorlog was het echtpaar niet teruggekeerd. Ze had lang gewacht en overal gevraagd. Maar niemand wist iets en familie was er niet. Van de ring met de briljant liet ze uiteindelijk een broche maken, die ze nog vaak – maar altijd met gemengde gevoelens – had gedragen.

Ze nam nog een brief van het stapeltje. Hij was van meneer Von Engel, een Oostenrijkse kennis van haar uit Boedapest.

Ik bevestig graag dat ik, toen ik door de SD gevangen werd gehouden in een kelder van het Koninklijk Paleis in Boedapest, in januari en februari 1945, tijdens de verhoren regelmatig naar mejuffrouw Anna Boom werd gevraagd. Voor zover ik me kan herinneren, gingen de vragen er steeds over of mejuffrouw Boom op de een of andere manier verbonden was aan de inlichtingendienst van de geallieerden.

Ze wist niet of ze het Jan ooit allemaal kon uitleggen. Het was een chaos geweest. Ze had gedaan wat ze dacht dat goed was.

Meer niet. Helden bestonden niet. Die werden gemaakt, later, door anderen.

Jan had de brieven uit. Hij keek haar lang aan. Ze waren dat jaar zeventien jaar getrouwd.

'Waarom heb je nooit iets gezegd?' vroeg hij. 'We logeerden nota bene in het Gellért…'

'Ik wilde er na de oorlog niet meer aan denken. Ik heb er met niemand over gepraat.'

'En die revolver dan? Waarom schreeuwde je vannacht om een revolver?'

Toen begon ze te vertellen. Onverwacht scherp zag ze de beelden weer voor zich.

Het gebeurde tijdens die eerste dagen na de bevrijding van Boeda, toen de Russen feest mochten vieren. Buren kwamen waarschuwen dat er een dokter nodig was in de Úri utca, vlak bij het ziekenhuis. Otto vroeg of ze misschien mee wilde gaan; hij kon wel een assistent gebruiken.

In de Úri utca stonden alleen nog ruïnes overeind. Er lagen lijken tussen de puinhopen. En kadavers van paarden, waarvan hongerige stadsbewoners stukken vlees hadden afgesneden. Ze liepen zo snel ze konden. In de zak van haar jas droeg ze een revolver. Ze had het wapen nog maar net. De dag daarvoor, toen ze water ging halen op het plein voor de Matthiaskerk, was ze langs het lichaam van een gesneuvelde Duitse soldaat gelopen en zag ze de revolver uit zijn holster steken. In een opwelling had ze het wapen gepakt. Ze was gewaarschuwd voor de Russen, ze voelde zich veiliger wanneer ze zich zou kunnen verdedigen. Vlak voor de oorlog had een kennis die bij de bereden politie zat haar eens uitgelegd hoe ze met een revolver moest omgaan.

Een buurman wees waar ze moesten zijn in de Úri utca. 'Snel, snel,' zei hij. De deur van het huis was weggeblazen. Ze liepen door de gang van wat eens een mooi huis moest zijn geweest. Nu kon je door het dak naar de hemel kijken. Ze vonden een trap naar beneden. Uit de kelder kwam gelach. Het rook er naar wijn en mannen die zich lang niet hadden gewassen. Anna liep achter Otto aan. Veel zag ze niet. Het was erg donker, daar beneden.

Ze gingen de kelder binnen. Er lagen twee meisjes op de grond. Halfnaakte meisjes, allebei niet ouder dan twaalf jaar. Boven op hen lagen Russische soldaten, met hun broek naar beneden. Er werd hard gegild. Ze zag een man en een vrouw – dat moesten de ouders zijn – die waren vastgebonden aan een ijzeren kachel. De man en de vrouw schreeuwden dat de soldaten moesten ophouden. Als verstijfd bleven Otto en zij in de deuropening staan. De Russen letten niet op hen, ze waren stomdronken. De twee die op de meisjes hadden gelegen waren klaar en strompelden weg door een andere deur, naar een volgende kelder. Een paar andere Russische soldaten, die in een hoek hadden staan toekijken, liepen met hen mee. Er was nu nog één Rus over. Hij was jong, hij was de laatste die mocht. De meisjes lagen half bewusteloos op de grond. Eéntje, de oudste zo te zien, bloedde erg; ze was helemaal uitgescheurd. De ouders bleven gillen. De jonge Rus stak hen met zijn bajonet in hun buik. Het werd stil. Hij ging op het kleinste meisje zitten.

Toen knapte er iets in haar. Het moest ophouden. Het moest nu meteen ophouden. Ze liep op de Rus af, zette de revolver tegen zijn hoofd en haalde de trekker over. Eén schot loste ze. De jonge Rus viel meteen om. Hij had kort, donkerbruin haar en een rond, pafferig gezicht.

Otto keek, zei dat de Rus dood was. De ouders lagen op de grond, ze bewogen zich niet. Otto probeerde hen los te maken, maar zag toen dat dat niet meer nodig was. Ook voor het meisje dat erg bloedde leek het te laat. 'Wegwezen hier,' siste Otto, 'zo snel mogelijk.' Samen pakten ze het andere kind op en renden ze terug naar het ziekenhuis.

'Dus ik ben eigenlijk een moordenares,' zei ze tegen Jan.

Vreemd klonk dat. Maar het was waar dat ze iemand had

gedood. Een jonge Rus die misschien ouders of een vrouw had gehad die op hem wachtten.

'Je hebt je redenen gehad om zo te handelen,' zei Jan. Toen was het stil. Ze konden altijd goed zwijgen samen.

Jan kocht biografieën over Raoul Wallenberg – *De meest tragische held van de Tweede Wereldoorlog* – en knipte berichten uit kranten en tijdschriften. Alles wilde hij weten over de man voor wie zijn vrouw had gewerkt.

Liefste! Ben even weg. Net werd er gebeld. Wallenberg zou weer gezien zijn in de Sovjet-Unie. Hij moet nu 77 jaar zijn!

In 1991 was er een Nederlandse journalist bij Jan op bezoek om te praten over de KLM. 'Wist u dat mijn vrouw ook een heel interessant verhaal heeft?' zei hij toen.

Zo kwam het dat Anna werd uitgenodigd in *Karel*, de talkshow van Karel van de Graaf. Er was een uitzending aan Raoul Wallenberg gewijd omdat twee Nederlandse historici, Gerard Aalders en Cees Wiebes, een boek hadden geschreven waarin werd onthuld dat de machtige Zweedse zakenmannen Jacob en Marcus Wallenberg, neven van Raouls vader, tijdens de oorlog hadden gecollaboreerd met nazi-Duitsland.

In hun boek, *Zaken doen tot elke prijs*, schreven Aalders en Wiebes dat de gebroeders Wallenberg de Duitse wapenindustrie jarenlang hadden voorzien van kogellagers en erts, en dat ze de nazi's ook op andere gebieden hielpen, bijvoorbeeld door Duitse dochterbedrijven in Amerika tegen betaling op naam van het Zweedse familieconcern te zetten, zodat deze niet door de Amerikanen zouden worden geconfisqueerd als 'vijandelijk bezit'. Volgens de historici had de verdwijning van Wallenberg in Rusland direct te maken met de onoorbare praktijken van het Wallenbergconcern tijdens de oorlog – waarvan de Russen goed op de hoogte waren. Was het ook niet veelzeggend dat de broers Jacob en Marcus, die tijdens en ook nog na de oorlog een groot deel van de Zweedse economie in handen hadden, hun invloed nooit hadden aangewend om hun achterneefje vrij te krijgen?

Het nieuws verbaasde Anna niet. Ze had zich al vaker afgevraagd waarom Wallenberg in Boedapest zoveel ruimte had gekregen van de Duitsers en waarom Eichmann nooit iets tegen hem had ondernomen. Nu begon ze het te begrijpen. Het moest door zijn familie komen. Wallenberg werd tijdens de oorlog beschermd. Kennelijk was Eichmann van hogerhand gewaarschuwd hem met rust te laten. Het stond niet met zoveel woorden in het boek van Aalders en Wiebes, maar voor haarzelf was de conclusie duidelijk: de held Raoul Wallenberg had zoveel joden kunnen redden omdat zijn familie collaboreerde met de nazi's.

Haar optreden in *Karel* was een merkwaardige ervaring. Ze werd aangekondigd als dé Nederlandse medewerkster van Wallenberg. Ineens was ze een heldin, redder van de joden van Boedapest.

'In hoeverre liep u gevaar?' vroeg Karel van de Graaf.

'De Duitsers wisten dat mensen voor het gezantschap werkten, en dat wij wisten waar bepaalde joden zaten. Voor ons buitenwerkers bestond het gevaar dat we gearresteerd zouden worden. En dat is ook gebeurd.'

'Hebt u het gevoel dat Wallenberg zich beter beschermd voelde dan andere diplomaten?'

'Ik dacht het wel. Omdat hij veel verbindingen had. Hij had toch een bepaalde bescherming, meer dan wij…'

'Van wie?'

'Ik vermoed van de Duitse kant, anders had hij dat allemaal niet kunnen doen, zoveel joden kunnen redden…'

Meer wilde ze niet zeggen. Jan had haar op het hart gedrukt dat ze niet te negatief mocht doen over het nog altijd machtige

Zweedse familiebedrijf. 'Straks doen ze je nog wat aan,' zei hij bezorgd.

Na afloop van de uitzending had Anna nog even staan praten met Gerard Aalders en Cees Wiebes.

'Volgens mij heeft de familie Raoul Wallenberg naar Boedapest gestuurd om haar naam te zuiveren,' durfde ze toen wel te zeggen.

'Raoul Wallenberg was voor de Zweden en voor de familie een geschenk,' zei Aalders. 'Hij paste helemaal in het plaatje van het neutrale land dat zo goed was geweest voor de joden. Maar niets is minder waar.'

Ze waren uitgenodigd op de Hongaarse ambassade in Lissabon. Er zou een ceremonie zijn ter ere van een aantal Portugese diplomaten die tijdens de oorlog joden in Boedapest aan visa voor het neutrale Portugal hadden geholpen. Anna en Jan hadden geen idee waarom ze bij de huldiging aanwezig mochten zijn. Pas naderhand begrepen ze dat een Nederlandse kennis van Anna erachter zat, de vrouw van de Engelse ambassadeur, tegen wie Anna ooit iets had verteld over haar werk voor Wallenberg.

De Portugese president Soares hield tijdens de ceremonie een toespraak. Alle geëerde Portugese diplomaten waren helaas al dood, vertelde hij. Ze werden vertegenwoordigd door hun familie. Maar er was gelukkig nog één overlevende uit die tijd in de zaal, zei de president, en dat was een 'dappere Nederlandse' die ook joden had geholpen in Boedapest.

Alle televisiecamera's werden gericht op de overrompelde Anna,

schreef Jan daarna aan Dóra in Australië.

'Kijk vriendelijk!' kon ik nog net tegen haar zeggen, in een poging de situatie te redden. We hebben het resultaat niet zelf gezien op televisie, maar we werden daarna door verschillende mensen gebeld en iedereen zei dat ze er perfect uitzag. Na de ceremonie wilde iedereen kennismaken met Anna, onder anderen de president van Portugal en zijn vrouw, de ambassadrice van Zweden, de ambassadeur van Israël, de minister van Buitenlandse Zaken, etc. etc. Anna haat die dingen, maar ze kon er niet onderuit.

Het was zomer 1995, precies vijftig jaar nadat ze had besloten dat ze nooit meer over de oorlogstijd wilde praten.

Anna sprak die avond ook met een Hongaarse historica die het initiatief bleek te hebben genomen voor de huldiging. Éva Bán heette ze, en ze was benieuwd naar Anna's verhaal. Er waren nog zoveel meer mensen die een onderscheiding verdienden, zei ze. Misschien konden ze eens praten over haar werk voor Wallenberg? Omdat Anna en Jan kort daarna weer naar Boedapest zouden gaan, spraken ze af elkaar daar te ontmoeten.

Jan reageerde enthousiast. Natuurlijk moest zij een gouden medaille krijgen, net als die Portugese diplomaten. En Dóra ook! Omdat hij wist dat Anna weinig kon vertellen over de organisatie waarvoor ze had gewerkt, schreef hij meteen een lange brief aan Dóra.

Dóra, kun je een korte beschrijving geven van de taken die jij en Anna hadden, waarbij je benadrukt dat jullie als medewerkers niet de diplomatieke bescherming genoten die Wallenberg zelf wel had? En kun je iets meer over Anna zeggen? Deed ze haar werk zoals jij verwachtte?
Onderschat niet wat je hebt gedaan en welke risico's je hebt genomen. Hoewel misschien laat, zou ik graag zien dat jullie een zekere 'onderscheiding' krijgen, hoewel ik weet dat jij noch Anna daaraan hebt gedacht toen jullie als christenen

*dat fantastische werk hebben gedaan door mensen in nood te
helpen.*

Anna had Dóra nooit meer gezien sinds haar vertrek naar
Australië. Ze was nu 83 jaar. Toen haar kinderen al volwassen
waren was ze hertrouwd met een Engelsman, maar die was in
1988 overleden. Nu leefde ze alleen, met twee honden en een
kat. Na haar pensioen had ze een boek gepubliceerd over rots-
planten.

*We werkten in kleine groepen, die elkaar niet kenden, zodat
bij arrestatie niemand verraden zou worden,*

schreef Dóra aan Éva Bán,

*In ons groepje zaten: graaf Dessewffy, John, ik, Anna, de
Hilvert broers, de joodse László Erzsi en nog een helper. [...]
Anna was nog een jonge vrouw tijdens de oorlog. Ze vervoerde vaak gevaarlijke pakketjes. Als ze gepakt zou zijn met de
ariërverklaringen voor de achttien oude joden die we in ons
winterhuis hadden, zou ze ter plekke zijn doodgeschoten.*

Echt geïnteresseerd in een medaille leek Dóra niet. Ze was
nooit meer in Hongarije geweest en had in Australië geen
contact gehad met Hongaren. Wat moest ze ook met een
onderscheiding van het land dat haar in 1948 nog als 'vijand
van de staat' de grens over had gezet? Wel leek Dóra het prettig
te vinden haar herinneringen te delen. Ze schreef niet alleen
lange brieven aan Jan en Anna, ook stuurde ze dikke stapels
kopieën van haar dagboeken uit de oorlogstijd.

*De algemene opvatting was dat Raoul Wallenberg oprecht
was in zijn pogingen te helpen, maar ook dat hij zijn staf te
veel vertrouwde en geen goed overzicht had van wat er speelde. Ik zou zeggen dat hij overwerkt was, dat het hem niet*

meeviel de hele boel bij elkaar te houden en dat hij daarom
op zeker moment de controle verloor. Ik weet nog dat ik ge-
schokt was toen ik hoorde dat sommige joodse medewerkers
andere joden alleen wilden helpen als ze ervoor betaalden,
terwijl ze toch allemaal in hetzelfde schuitje zaten. Ook tij-
dens de belegering kwamen er nog mensen naar het Zweedse
gezantschap voor voedsel en onderdak, maar de Zweden waren
niet erg behulpzaam. Dat wil zeggen: Lars Berg, de enige die
op het laatst nog overbleef.

Anna sprak een paar keer met Éva Bán. Het klikte niet echt. Ze
had geen zin om haar verhaal aan haar te vertellen. Bovendien
hoefde ze helemaal niet zo nodig een medaille.

Maar Jan gaf niet op. Tijdens de ceremonie voor de Portugese diplomaten hadden ze kennisgemaakt met de Hongaarse
ambassadeur in Portugal, András Gulyás. Kort daarna was
Gulyás opgeklommen tot medewerker van de president van
Hongarije, Árpád Göncz. Hoe Jan het precies geregeld had,
wist Anna niet, maar op 23 september 1996 werden ze door
Gulyás en de Hongaarse president zelf ontvangen in het parlement van Boedapest. Jan straalde. Zelf had ze niet veel gezegd.
Wel beloofde ze Göncz, op zijn verzoek, een verslag te schrijven over haar Wallenbergtijd.

Dat ik nu over mezelf schrijf, had ik me een jaar geleden niet
voor kunnen stellen,

schreef ze in het voorwoord van haar verhaal.

Het ligt niet in mijn aard over mezelf te praten. Na de span-
nende en verschrikkelijke oorlogstijd heb ik geprobeerd mijn
verleden af te sluiten onder het motto: het is voorbij, het is
vrede, ik moet een nieuw leven opbouwen. Dat is me met
moeite gelukt.

Ze vertelde ook lang niet alles. Zo hield ze Géza er helemaal buiten; ze deed het voorkomen of alleen haar moeder in 1942 was teruggegaan naar Nederland en zijzelf in Boedapest bleef. Ook over de Gestapo en de dode Rus zei ze uiteraard niets. Wel schreef ze uitgebreid over de diepe kast in haar kamer, de familie Stein, de drie oude dames, Kerstmis bij de familie Saternus, haar arrestatie in het Gellért, het dode meisje op straat in haar armen – en de beschuldiging van collaboratie na de oorlog.

Na de oorlog had ik moeilijkheden doordat sommige perso-
nen beweerden dat ik met de Duitsers had samengewerkt.
Dit was begrijpelijk, want het gebeurde soms dat ik naar
Duitse instanties ging om te proberen iets voor elkaar te krij-
gen. Ik werd dus samen met Duitsers gezien. Eén gebeurtenis
viel daarbij in het bijzonder op. En dat was mijn reis naar
Hajduszobószló. Ik moest daarheen voor een Oostenrijker,
die daar was ingekwartierd. Omdat ik geen transport terug
naar Boedapest kon vinden, reed ik mee met een paar Duitse
officieren, die mij thuis in de Pauler utca afzetten. Dat werd
natuurlijk opgemerkt. Ook toen ik het huis van de familie
Stein binnenging, werd ik in het gezelschap van Duitsers
gesignaleerd. En nog in een paar andere situaties. Gelukkig
heb ik een aantal brieven, waarin het tegendeel wordt bewe-
zen van mijn vermeende collaboratie. Officieel werd ik nooit
beschuldigd, maar pijnlijk was het wel!

Jan zorgde ervoor dat haar verslag via de Hongaarse ambas-sade in Lissabon naar Hongarije werd gestuurd. Maar daarna hadden ze er nooit meer iets van gehoord en dat speet Anna niet.

Het waren de anderen die haar altijd met Wallenberg wil-den verbinden. Vrienden die iets van haar verleden wisten, deden haar juichende biografieën cadeau. Die legde ze dan op haar nachtkastje, maar ze las er nauwelijks in.

Ze was nu vijfenzeventig en voor het eerst was er iemand die haar hele verhaal kende. Nooit had ze kunnen vermoeden dat dat zo veel voor haar zou kunnen betekenen. Ieder mens was het verhaal dat hij vertelde. Als je veel verzweeg, bestond je eigenlijk ook maar half. 'Wat is dat dan, liefde?' kon Jan haar wel eens vragen, op die typisch plagende toon van hem. 'Dat je er bent,' zei ze dan. 'Gewoon, dat je er helemaal bent.'

Er gebeurden merkwaardige dingen. Toen ze met Harry was getrouwd, had ze zich nooit bekommerd om de kleren die hij droeg. Maar voor Jan legde ze elke ochtend klaar wat hij moest aantrekken. Hij zag er graag goed uit. En zij begreep nu eenmaal beter wat bij elkaar paste. Ze vertelde hem ook dat hij zijn grijze haren moest laten groeien en dat hij zijden sjaaltjes moest gaan dragen, zodat hij er meer uitzag als een kunstenaar in ruste dan als een gepensioneerde KLM-directeur.

Ze hielp ook weer. Samen met Jan zette ze hulpacties op, voor Hongaren die slachtoffer waren geworden van een overstroming of voor de armlastige brandweer in Cascais. 'Hollands echtpaar helpt de brandweer in Portugal,' kopte *De Telegraaf* in dikke letters. En vervolgens: 'Dat de Portugezen de inzet van het Nederlandse echtpaar en in het bijzonder van mevrouw Van Oldenborgh weten te waarderen – want ook op andere terreinen is ze zeer actief – blijkt uit het feit dat er in Estoril een ambulancewagen rijdt met de naam: Anna van Oldenborgh.'

Het begon ermee dat Jan geen borrel meer wilde 's avonds. Ze dronken altijd een borrel, elke dag, al tweeëndertig jaar lang, stipt om zeven uur. Maar nu zei hij dat hij daar geen trek meer in had. Hij at ook weinig en werd mager. De Portugese dokter kon er niet veel van maken. Ze moesten het maar even aanzien. Jan klaagde niet, dat deed hij nooit. Misschien maakte hij zich in stilte wel zorgen, net zoals zij dat in toenemende mate deed. Maar ze spraken er niet over, want als je het niet benoemde, was het er ook niet.

Het was de zomer van 1999. Jan was negenentachtig jaar. Steeds vaker bleven ze de hele dag thuis.

'Het bevalt me niks wat ik over Jan hoor,' zei een vriend ten slotte door de telefoon. Hij werkte als arts in het Antoni van Leeuwenhoek Ziekenhuis in Amsterdam. 'Ik wil dat jullie meteen hiernaartoe komen.'

Op Schiphol, zíjn Schiphol, moest Jan met een rolstoel naar de auto van een vriend worden gereden. Nog dezelfde avond werd hij opgenomen in het Antoni van Leeuwenhoek. Hij was nu echt ziek. Maar nog steeds 'wilde ze het niet waar hebben'. Ze zag het en ze zag het ook niet omdat ze wilde dat alles zou doorgaan zoals het was, zo goed en gelukkig als het was.

Er volgden onderzoeken, ze moesten wachten op uitslagen; op een dag kwam de dokter vertellen hoe het met de leverpunctie was afgelopen.

'Laat maar, ik zie het al aan uw gezicht,' zei Jan toen de arts zijn eenpersoonskamer binnenkwam.

Ze zou het nooit vergeten. Hij snoerde de arts de mond, wilde niets weten over wat er nog aan de kanker gedaan kon worden, laat staan dat hij zou vragen naar overlevingskansen in procenten.

In plaats daarvan zei hij: 'Laat me maar gaan, dokter. Ik heb een heerlijk leven gehad, ik heb prachtig werk gedaan, ik ben dolgelukkig getrouwd geweest. Het is goed zo. Laat me maar gaan.'

's Nachts sliep ze bij Jan op zijn kamer. Ze nam een slaappil, anders deed ze geen oog dicht. Toch schrok ze op een nacht wakker, ze wist niet waarom. Jan lag op zijn zij, met zijn rug naar haar toe. Ze ging bij hem kijken en wist het meteen, ook al waren zijn ogen gesloten. Zachtjes trok ze het laken over zijn ontblote schouder, alsof dat nog wat uitmaakte, en belde de nachtzuster.

Anna Boom had – sinds haar kindertijd – nooit gehuild. Niet in de oorlog, en niet daarna. Maar toen de begrafenisstoet in Amsterdam kwam voorrijden, ze de kist zag in de zwarte auto, de met bloemen bedolven kist waar Jan in lag, toen braken de dijken.

15

Addis Abeba — Düsseldorf *1999*-

Anna kon nog geen dag thuis zitten. Ze reisde heen en weer tussen de flat in Cascais en het appartement in Amsterdam dat ze altijd als pied-à-terre had aangehouden. Ze reed met haar auto naar Boedapest en Wenen en weer terug, ze vloog met de KLM naar kennissen in Amerika, ze maakte met vrienden een rondreis door Zuid-Afrika of zakte met een cruiseschip in Rusland de Wolga af. In haar agenda stonden steeds weer nieuwe reizen gepland, in de taal van vliegtuigmaatschappijen: 12.30: LISS – AMS; 21.00: AMS – BUD. Ze moest in beweging blijven. Als ze ging zitten, zag ze al snel geen reden meer om nog op te staan.

De zondagen in Amsterdam waren het moeilijkst. Meestal ging ze 's ochtends naar Zorgvlied, de begraafplaats waar Jan lag. 'Je doet maar met me wat je wilt,' had hij gezegd; verder hadden ze het er niet meer over gehad. Nu deelde hij het familiegraf met haar vader en haar moeder. Ze legde altijd één rode roos voor hem neer. Als ze wegliep, keek ze nog een keer achterom en zei ze 'dag Jan', zoals ze ook nog altijd 'proost Jan' zei als ze 's avonds voor zichzelf een borrel inschonk.

In huis kon ze de stilte niet meer verdragen. Zodra ze wakker werd, zette ze twee televisies en de radio aan.

Wanneer ze nergens heen kon, ging ze opruimen. Ze liep rusteloos door de kamers, opende kasten en dozen; ze klom – heel onverstandig op haar leeftijd – op een keukentrap om een bovenste plank leeg te halen. Intussen vroeg ze zich af waarom ze al die jaren zoveel had bewaard. Wie zou er ooit geïnteresseerd zijn in de brieven van haar ouders, van Géza, van de 'getuigen' uit Boedapest, van Faure en Harry? Waarom zou ze haar fotoboeken, wel vijf planken vol, allemaal bewaren? Er kwam een dag dat ook zij er niet meer zou zijn. Ze kon moeilijk haar vrienden straks opzadelen met de rotzooi. Toch aarzelde ze met weggooien. Ze maakte stapeltjes van wat meteen de container in kon en van wat nog maar even moest wachten. Soms dacht ze aan het kind dat toen niet gekomen was – het zou inmiddels al tegen de zestig zijn – en aan wie ze nu graag alles had overgedragen.

❧

Ze vloog naar Addis Abeba, de hoofdstad van Ethiopië. Daar stapte ze in een tweemotorig vliegtuigje dat haar het binnenland in bracht – 'het hing met wat schroefjes aan elkaar' – waarna ze dagenlang in een hobbelende jeep naar de meest afgelegen berggehuchten reed om te zien wat de mensen er nodig hadden.

Na Jans dood had ze een stichting opgericht, de stichting Jan KLM. Er was geld genoeg, ze wilde graag geven. Maar ze moest wel eerst met eigen ogen zien waar het geld naartoe ging. Samen met een paar jongere vrienden, die al eerder de contacten hadden gelegd, reisde ze naar missieposten in de provincie om daar met Indiase zusters te bespreken wat ze kon doen. Ze kocht vijftien lessenaars voor een schooltje, ze zorgde ervoor dat er een oliefabriekje en nieuwe leslokalen werden gebouwd en gaf een ezeltje aan een invalide jongen die zonder dat dier elke dag een paar kilometer naar school moest kruipen.

De reis was lang. Het rode stof zat in haar oren en haren. De bedden in de missieposten waren hard. Ze kwam door haar versleten knie en zwakke longen soms nauwelijks naar boven in de bergdorpen. Toch ging ze elk jaar terug naar Addis Abeba, al beweerde ze steeds dat het nu echt voor het laatst was.

Het was wonderlijk om ouder te worden, vond ze. Wanneer mensen haar vroegen hoe oud ze zich voelde, zei ze altijd: 'vijfenvijftig.' Haar geest was op die leeftijd blijven steken; ze was in niets veranderd. Maar het lichaam takelde af, onherroepelijk. Ze haatte trappen. Op trappen kwam ze zichzelf tegen. Een vrouw die moeilijk ter been was en hijgde als een oud paard, ook al was ze lang geleden gestopt met roken.

Ze moest oppassen dat ze niet viel, dat ze geen kou vatte. Ze had snel een longontsteking te pakken. Eén keer moest ze om die reden met spoed worden opgenomen – ze had zelf gedaan of er niets aan de hand was; een vriendin had haar ondanks al haar protesten naar een eerste hulp gereden – en zat ze 's nachts rechtop in haar ziekenhuisbed, happend naar adem. Door het raam zag ze, hoog in de lucht, vliegtuigen van de KLM voorbijkomen. Laat mij ook maar gaan, had ze toen gedacht.

Haar vrienden – ze had er veel, sommige belden dagelijks – regelden na haar ontslag uit het ziekenhuis opname in een herstellingsoord aan de Noordzee. Vanuit haar kamer had ze uitzicht op de grijze golven. Ze werd er omringd door oude, klagende mensen. Naar buiten kon ze niet; het was zo'n eenentwintigste-eeuwse Hollandse winter waarin het alleen maar leek te regenen en te waaien. 's Avonds liep ze als een gekooide tijger in de gang achter haar kamer op en neer.

Elk jaar ging ze naar Boedapest, als er een begrafenis was soms meerdere keren. Eerst ging Tivi, toen Iván, toen Tivi's zuster Edit. Bijna al haar vrienden van vroeger waren nu dood. Dóra was in 1997 in Australië gestorven, zonder dat ze ooit was teruggeweest in Hongarije. Alleen Mechtild leefde nog. Ze had, na het vertrek van de familie uit Boedapest, letterkunde gestudeerd in Parijs, was nooit getrouwd en woonde nu alleen in een klein huisje op het Franse platteland, omringd door de boeken van haar familie.

Liefst ging Anna met haar eigen auto naar Boedapest. Ze kon geen grote stukken meer lopen en had een hekel aan het wachten op trams en taxi's. Ook op haar vijfentachtigste manoeuvreerde ze nog als een Hongaarse door het verkeer – want als je niet flink toeterde of anderen de weg afsneed kwam je nergens. Op de historische burcht werden geen auto's toegelaten, maar wanneer ze de reeds lang verlopen Portugese invalidenpas van Jan achter het raam zette en vriendelijk glimlachte, gingen de slagbomen altijd voor haar open.

Tijdens zo'n bezoek aan Boedapest, in januari 2006, ging Anna met Jans vroegere secretaresse Livia en haar man Tibor lunchen in een restaurant aan de Szentháromság utca op de burcht.

'Sorry, ik moet even naar de "hum",' verontschuldigde ze zich.

Het toilet was beneden. De trap liep langs een muur waarin zich, als je goed keek, vroeger een opening had bevonden. In het metselwerk kon je de oude boogvorm nog herkennen.

In een flits zag ze het voor zich. Hier was de ingang naar het Szikla Kórház geweest; het ondergrondse ziekenhuis. Uit deze tunnel, nu verborgen achter een muur, kwam ze naar buiten gekropen wanneer ze tijdens een gevechtspauze water ging halen bij de bron voor de Matthiaskerk.

De restauranteigenaar, een jonge, zenuwachtige Hongaar die de hele tijd met zijn mobiele telefoon zat te spelen, wist ervan. Er zat inderdaad een oude tunnel achter de restaurantmuur.

Terug aan tafel vertelde Anna Tibor en Livia over haar ontdekking. Tibor vroeg haar meteen het hemd van het lijf. Hij was een geschiedenisfanaat, wist alles van Boedapest in de Tweede Wereldoorlog. Omdat Tibor zo doorvroeg, vertelde ze hem kort iets over Wallenberg, haar vlucht uit het Gellért en de tijd in het ziekenhuis.

'Waarom was ze eigenlijk naar Boedapest gekomen?' wilde Tibor ten slotte weten.

'Voor een man,' zei ze, 'hij heette Géza. Maar die is allang dood.'

Eind jaren zeventig had ze in een opwelling nog eens gebeld naar de Nyúl utca. Géza's vrouw nam de telefoon op. Zonder haar naam te noemen vroeg ze naar Géza. Hij bleek kort daarvoor te zijn overleden. Ze had gezegd dat het haar speet en had opgehangen.

'Soms ben ik nieuwsgierig,' zei ze. 'Hoe het hem verder is vergaan. Niemand kan het me vertellen. Zijn vrienden van vroeger zijn ook dood. Er moet alleen nog een dochter zijn, maar ik weet niet waar die woont.'

'Wat was Géza's achternaam?' vroeg Tibor.

Een dag later gaf hij haar een papiertje met daarop de naam en het adres van Géza's dochter. Hij had haar via een van de laatste Irányossy's in Boedapest opgespoord. Ze heette Katalin en woonde in Düsseldorf, waar ze was getrouwd met een Duitser.

Tijdens het opruimen had Anna gezocht naar een foto van Géza. Na lang zoeken vond ze er maar één: een vaag kiekje waarop je hem en profil op een bank bij de Donau zag zitten. Ze moest de foto gemaakt hebben op het eilandje waar ze vaak samen naartoe roeiden. Je kon zijn gezicht niet goed ontwaren. Ze vond dat jammer. Ze kon zich niet meer precies herinneren hoe hij er toen uitzag; ze wilde hem nog wel eens voor zich zien. Hoe ouder ze werd, hoe meer ze besefte welke ommekeer Géza in haar leven teweeg had gebracht. Voor hem was ze naar Boedapest gegaan en niet veel later lag alles in puin. Als ze Jan niet had ontmoet, wist ze, was ze deze desillusie nooit te boven gekomen en was ze gestorven als ongelukkige huisvrouw in Zürich.

Maandenlang lag het briefje met Katalins telefoonnummer op haar bureau in Amsterdam. Ze wist niet goed wat ze ermee zou doen en gunde zich ook geen tijd erover na te denken.

Tot die ochtend, in het voorjaar van 2006. Ze had gebeld met de garage en de kapper en de belastingdienst. Weer zag ze het briefje van Tibor liggen. Zonder zich verder af te vragen wat ze zou zeggen pakte ze de hoorn en toetste ze het nummer in.

Géza's dochter nam zelf op. Ze sprak Duits met een Hongaars accent en klonk vriendelijk.

'*Bitte?*'

Ze noemde haar naam en vertelde dat ze het nummer had gekregen van familie uit Boedapest.

'U bent die Hollandse,' zei Katalin meteen. Ze had al gehoord dat er iemand naar haar op zoek was.

Anna zei dat ze in de jaren veertig in Boedapest had gewoond en dat ze Katalins vader 'en een aantal van zijn vrienden' goed had gekend. Snel noemde ze wat namen uit Géza's kennissenkring, onder wie die van Balogh, de vriend die hen aan elkaar had gekoppeld.

'Ja, die ken ik ook nog wel.'

'Ik heb ook uw grootmoeder gekend, en Géza's zuster, uw tante Dussy.'

Katalin reageerde enthousiast. Ze was enig kind en had vrijwel geen familie meer in Hongarije. 'Ik ga alleen nog naar Boedapest om de begraafplaats te bezoeken.' Het verheugde haar iemand te spreken die de wereld van haar jeugd had gekend.

'Ik heb jammer genoeg geen foto's meer uit die tijd, ook niet van uw vader. Toevallig ben ik binnenkort in de buurt van Düsseldorf, misschien zou ik...'

'U bent van harte welkom,' onderbrak Katalin haar. 'Ik vind het spannend en verheug me erop u te ontmoeten.'

Met een vriendelijk '*auf Wiedersehen*' hingen ze op.

Ze staarde uit het raam. 'Liefste toch,' hoorde ze Jan in gedachten zeggen, 'eerst denken, dan doen.'

Het was het eerste wat ze zag. Katalin droeg een zegelring. Een ring met het familiewapen erop, een knoflook. Precies zo'n ring had Géza haar ook gegeven. Hij had er 'Platti' in laten graveren.

'Noem me maar Cica,' zei Katalin toen ze elkaar de hand schudden. 'Zo heet ik voor iedereen.'

Ze had inderdaad opvallend lichtgroene ogen. Cica droeg een lichte broek met een twinset, had halflang, blond geverfd haar en zag er jonger uit dan de vierenzestig jaar die ze moest zijn. Op Géza leek ze niet, al had ze zeker iets geërfd van zijn hartelijkheid. Ook haar man, een gepensioneerde professor in de rechten, maakte een aardige indruk. Het echtpaar woonde in een lichte twee-onder-eenkapwoning in een buitenwijk van Düsseldorf. Overal stonden foto's van hun twee kinderen en kleinkinderen.

'Je kunt wel zien dat familie alles voor mij is,' lachte Cica.

Ze was nerveus, zag Anna. Cica praatte veel. Zelf voelde ze zich kalm. Ze had besloten in eerste instantie niets te vertellen over de ware aard van haar relatie met Géza – al zou ze, mocht de vraag direct worden gesteld, er ook niet om liegen.

Cica schonk koffie in, vroeg hoe ze als Hollandse in Boedapest terecht was gekomen. Kort vertelde ze haar verhaal. De episode in 1942 in Holland sloeg ze over. 'Toen de Duitsers in Boedapest kwamen, heb ik voor het Zweedse Rode Kruis en Raoul Wallenberg gewerkt,' besloot ze haar relaas, dat ze zoals gewoonlijk in een paar zinnen had verteld. 'Tot het te spannend werd.'

'Heeft u Wallenberg persoonlijk gekend?' vroeg Cica.

'Heel kort.'

'Ik vraag het omdat ik nog een papier van mijn vader heb van Wallenberg.'

Ze moest moeite doen haar verbazing te onderdrukken. 'Van Wallenberg?'

'Ja, een verklaring dat hij geholpen heeft. Ik heb het gevonden tussen de spullen van mijn vader, na zijn dood. Maar ik weet niet of ik het nog heb.'

Ze was nog maar een halfuur binnen en nu al was alles anders dan ze had kunnen vermoeden.

'Wie had hij dan geholpen?' vroeg ze zo achteloos mogelijk.

'Joden. De namen ken ik ook niet.'

'En u hebt dat papier niet meer?'

'Ik moet eens kijken. Alles ligt op zolder. Ik heb nog zoveel uit te zoeken. U kent dat wel: je gooit alles in dozen en op het laatst weet je niet meer wat je hebt.'

Cica begon te vertellen over de familie van haar vader. Over de sterke moeder die Géza had, de jongste zuster die op haar achttiende was overleden aan tuberculose. Anna luisterde maar met een half oor. Steeds moest ze denken aan wat Cica haar zojuist had verteld. Wat had Géza zijn dochter op de mouw gespeld? Had hij zichzelf na de oorlog een heldenrol toegedicht? Ze kon zich voorstellen dat hij bepaalde kennissen had geholpen, misschien ook joodse. Géza was een trouwe vriend. Maar ze kon zich niet indenken dat hij zijn nek had uitgestoken voor onbekenden; daarvoor leek hij haar te opportunistisch. Of onderschatte ze Géza, had ze een te negatief beeld omdat ze zelf in hem teleurgesteld was geraakt? En hoe kwam hij dan aan dat document van Wallenberg?

'U wilt zeker foto's zien?' vroeg Cica.

Ze had de boeken al klaargelegd. Haar ouders waren kort na elkaar gestorven, eind jaren zeventig. Zelf woonde ze toen al tien jaar in Duitsland. Om de herinnering aan haar ouders en Hongarije levend te houden, ook voor haar kinderen, had ze twee dikke fotoalbums gemaakt; één van haar vader en één van haar moeder. Het viel Anna op dat Cica met veel bewondering sprak over haar ouders. Ze had al een paar keer gezegd dat haar vader en moeder beiden zo 'begaafd' waren geweest, zelf was ze maar een 'onbetekenend nakomelingetje' in de familie.

In het boek van Géza prijkte op een van de eerste pagina's een foto uit begin jaren veertig. Meteen begreep ze het weer, haar verliefdheid, de gang naar Boedapest. Het was of ze hem gisteren nog had gezien, gekust, geroken.

Foto's van Géza als baby, als student. Géza bij de roeiclub op het Margaretha-eiland. Géza met zijn familie aan tafel. Géza met zijn echtgenote, de atlete Katalin. Een blonde, knappe vrouw met een vastberaden blik in haar ogen. 'Wist u dat mijn moeder een fenomeen was?' Cica vertelde dat haar moeder in 1934 een record vestigde op de tachtig meter horden, dat pas in 1948 werd gebroken door de Nederlandse Fanny Blankers-Koen. 'Mijn vader moest en zou haar hebben. Hij heeft haar vanaf haar zestiende overstelpt met brieven en bloemen.'

Ze keek naar foto's van het huwelijk, in 1937 in een kerkje op het Margaretha-eiland. De eerste kiekjes van de dochter. Géza met Cica op schoot, Géza met een klein blond meisje aan de hand. 'We liepen altijd hand in hand,' zei Cica, 'zelfs toen ik al volwassen was.'

Anna werd steeds stiller. Het leek Cica niet op te vallen. Ze vertelde over de harmonieuze jeugd die ze had gehad, ondanks de moeilijke omstandigheden. Ze woonde met haar ouders, oma en tante in Géza's ouderlijk huis. Vijftien jaar lang deelden ze er met z'n drieën één kamer. Er was weinig geld. Géza had in 1949 zijn baan verloren. De communisten hadden hem op een lijst met een 'x' gezet. Hij kon nergens werk krijgen, meer dan acht jaar was hij thuis. Op het laatst maakte hij wc's schoon in een café. Altijd was er de angst dat ze hem zouden komen halen, zei Cica. Vaak ging hij pas diep in de nacht slapen, wanneer hij zeker wist dat er niemand meer zou komen.

'Een mollenleven,' had Géza gezegd toen ze elkaar voor het laatst ontmoetten – nu begreep Anna het.

'Mijn moeder heeft zich kapotgewerkt voor ons,' ging Cica verder. 'Ze werkte van 's morgens acht tot 's avonds tien als sportlerares. Ik was altijd met mijn oma.' Toch had ze zich in haar jeugd geborgen geweten. Ze was als enig kind in de familie overladen met liefde. 'Ik weet nog dat er een keer een feestje was. Ik lag in een zijkamertje. Slapen lukte niet. Ik luisterde naar mijn familieleden die lachten en praatten en ik was gelukkig.'

Ze moest eens weten, dacht Anna. Ze moest eens weten van de liefdesbrieven die Géza haar schreef, vlak na Cica's geboorte. Welke illusie kwam ze verstoren?

Op de laatste pagina's van het fotoboek was Géza een oude man. Een vriendelijke opa met een bril en een hoedje met veertje. Het was ten slotte toch nog goed gekomen, vertelde Cica. Haar vader had zich op het roeien gestort. Hij was zelfs opgeklommen tot bondscoach van het nationale damesteam. In de late jaren zestig had hij nog veel kunnen reizen, hij behaalde successen; zijn roeivrouwen waren allemaal dol op hem.

Misschien zag Cica dat ze moe werd. 'Ik praat te veel,' verontschuldigde ze zich, terwijl ze het album dichtsloeg. 'En u zult wel honger hebben.' Cica zette een lunch op tafel. Ze kletsten over reizen en vakanties. Het werd tijd dat ze opstapte, zei Anna, ze moest nog terug naar Amsterdam.

'Ik ga toch nog even boven kijken of ik die brief van Wallenberg kan vinden,' zei Cica.

Terwijl ze wachtte, bladerde Anna door het fotoboek van Katalin. 'De grote liefde sinds haar zestiende,' had Cica geschreven bij een portret van Géza.

'Ik heb het!' Cica kwam de kamer binnenlopen en legde de verklaring met een triomfantelijk gebaar op tafel.

Anna herkende de stempels van het Zweedse gezantschap. Er waren twee foto's aan het papier vastgehecht, onder elkaar, een van Géza en een familiekiekje met Katalin en peuter Cica. De foto's leken zo uit een album gescheurd en namen de helft van het document in beslag. Op de andere helft stond een getypte verklaring, in het Hongaars en in het Duits.

Het Koninklijk Zweeds Gezantschap verklaart dat de heer Dr. Géza Irányossy-Knoblauch door de inspanningen die hij zich in de zwaarste tijden voor de hulpbehoevenden heeft getroost, de humaniteit een uiterst grote dienst heeft bewezen. Het Koninklijk Zweeds Gezantschap grijpt graag de gelegenheid aan zijn welwillende dank uit te spreken en zal deze diensten nooit vergeten.

Boedapest, 1 december 1944

R. Wallenberg,

Eerste secretaris Koninklijk Zweeds Gezantschap

Het document zag er authentiek uit. Maar over de handtekening twijfelde ze. Voor zover ze wist ondertekende Wallenberg altijd met de voorletter 'R' waaraan de 'W' van Wallenberg min of meer was vastgeplakt, waarna in een priegelig handschrift de hele naam volgde. En onder deze brief stond de 'R' helemaal los van de naam.

'Wat een fantastisch, historisch document,' zei ze zo enthousiast mogelijk.

Cica keek trots. 'Mijn vader heeft nooit veel over de oorlog willen vertellen. "Ik heb mensen gesteund," zei hij alleen. Door zijn positie op het stadhuis had hij daar ook de mogelijkheden voor. Ik weet dat hij joodse vrienden aan bewijzen heeft geholpen dat ze ariër waren.'

Anna keek naar het Wallenbergdocument dat voor haar op tafel lag. Hoe was Géza eraan gekomen? Wat had hij gedaan? De verklaring was erg algemeen. Voor wie had hij zich ingezet? Als het echt waar was, had Géza meerdere dubbellevens geleid. Daar was hij kennelijk goed in. Hij was er ook in geslaagd háár vier jaar lang voor zijn familie verborgen te houden, alle sporen uit te wissen, zodat het nu, hier in Düsseldorf, net leek alsof er nooit iets tussen hen had bestaan. Of was het papier vals? Dat kon ook nog. Er waren zoveel nep-Zweedse documenten in omloop in Boedapest. Het papier was getekend op 1 december 1944. Iedereen wist toen dat de Russen niet ver meer waren. Had Géza, via zijn uitstekende contacten, op de valreep een beschermbrief voor zichzelf geregeld, uit angst voor het rode gevaar?

'Ik heb ook nog iets anders gevonden,' zei Cica. 'Een brief van een joodse vriend die tijdens de oorlog met zijn hulp naar Amerika is geëmigreerd. Alexander Hahn heette hij. Toen mijn vader overleed, in 1978, stuurde hij mij vanuit New York zijn condoleances.' Cica haalde de brief uit de enveloppe en begon het Hongaars te vertalen:

Mijn vriendschap met Géza werd nog sterker, toen hij zich op alle mogelijke manieren inzette om het dreigende gevaar voor mij, zijn vriend, af te wenden. Altijd zal ik me zijn bijzondere menselijke kwaliteiten en zijn grote liefde voor zijn familie blijven herinneren. Met een zwaar hart moest ik afscheid van hem nemen, toen grote gevaren van de andere kant mij dwongen het land te verlaten.

'Géza was een goede vriend,' zei Anna.

Verder wist ze niet wat ze moest zeggen. Ze was moe, ze wilde naar huis.

'Ik moest maar eens gaan,' zei ze uiteindelijk. 'Ik houd jullie al veel te lang bezig.'

Cica's man, Wilfried heette hij, stond erop dat hij eerst nog een foto van Cica en haar zou maken. Daar stonden ze dan, in de tuin, met de armen om elkaar heen, als de beste vriendinnen. Even kreeg ze de aanvechting om te zeggen: het klopt niet, het zit anders met mij en Géza, maar dat deed ze niet, ze glimlachte en keek recht in de lens.

'Binnenkort ga ik voor een paar maanden naar Portugal,' zei ze bij het afscheid. 'Als jullie een keer willen komen, zijn jullie van harte welkom.'

Op de snelweg draaide ze haar raam ver open en gaf ze plankgas.

Wie had ooit gedacht dat Cica op haar uitnodiging zou ingaan.

Op een avond – ze was net twee weken in Cascais – ging de telefoon. Het was Cica. Haar man ging binnenkort een paar dagen weg, hij had een congres, zei ze. Was het een idee als ze langs zou komen? 'Ik heb het gevoel dat we elkaar nog veel te vertellen hebben.'

'Kom maar wanneer je wilt,' antwoordde ze. In gedachten hoorde ze Jan grinniken. 'Eigen schuld, stomkop!'

Al snel besloot ze dat ze alles zou opbiechten aan Cica. Hoe goed ze misschien ook was in het verbloemen van de waarheid, ze kon zich niet voorstellen dat ze drie dagen met Géza's dochter zou doorbrengen zonder te vertellen hoe de geschiedenis in elkaar stak. Ze zou te veel moeten verzinnen en verstrikt raken in een web van leugens.

Het was half juni toen Cica aankwam in Cascais. De oleanders stonden overal in bloei. 's Middags maakten ze eerst een ritje, Anna wilde haar gast de omgeving laten zien. Bovendien moest ze tijd zien te rekken, want ze wilde er pas tijdens de borrel over beginnen.

'Zo, en nu gaan we het over het verleden hebben,' zei ze, nadat ze om een uur of zeven een flinke wodka voor zichzelf had ingeschonken en een glas wijn voor Cica.

Ze zaten op het balkon. Cica keek haar afwachtend aan.

'Je moet weten dat ik verliefd was op je vader en vier jaar lang zijn vriendin ben geweest.'

Diepe stilte. 'Ik kan het me niet voorstellen,' stamelde Cica toen.

'Toch is het zo.' Anna vertelde hoe ze Géza had ontmoet. Dat ze hem Duits zou leren. Hoe het toen verder ging, dat ze vaak ruzie hadden maar elkaar steeds weer opzochten, tot het einde van de oorlog aan toe.

'Maar waarom? Ik begrijp het niet. Ik begrijp het echt niet. Ik bedoel: ik heb nooit wat gemerkt. Van spanningen of ruzie thuis. Mijn vader had een prachtige vrouw. Hij had jaren achter haar aan gezeten…'

'Hij was erg dol op jou. Hij had het altijd over jou.'

'Ik begrijp het niet,' zei Cica weer.

Naderhand zou Cica bekennen dat ze gewaarschuwd was. 'Er klopt niets van,' had haar man na het bezoek van Anna gezegd, 'volgens mij is ze een vriendin geweest van Géza.' Maar Cica kon haar man toen niet geloven en ook nu wilde de waarheid niet tot haar doordringen.

Anna vertelde over de weken in Nederland in 1942, hoe ze voor Géza in haar eentje op de trein stapte naar Boedapest.

'Maar hoe kon mijn vader dat van je verlangen?' vroeg Cica. 'Je was zo jong. En helemaal alleen.'

'Ik had misschien hoop…'

'Ik weet zeker dat mijn vader zijn familie nooit had opgegeven,' onderbrak Cica haar met herwonnen zelfvertrouwen. 'Zijn familie was alles voor hem. "Het huwelijk is in de hemel gesloten," zeggen ze bij ons. Hij had een streng katholieke achtergrond. Een scheiding kon hij zijn moeder niet aandoen.'

'Ik kwam ook bij jouw oma over de vloer.'

'Maar hoe stelde mijn vader je dan voor?'

'Dat weet ik niet meer.' Ze wilde niet zeggen dat ze dacht dat de familie wel zo'n vermoeden had, al zou dat zeker nooit uitgesproken zijn.

'Ik kan er gewoon niet bij. Mijn moeder was beroemd. Er waren jaren dat ze bijna elke week in de krant stond. Ik bedoel, jullie moeten gezien zijn samen. Er werd vast over gekletst. Hoe heeft mijn vader dat verborgen weten te houden voor haar?'

'Ik weet het niet.'

'Denk aan mijn moeders ogen, op de foto's die ik je liet zien. Zo'n vrouw zou nooit een leugen accepteren. Ze heeft alles voor die man gedaan, alles. Toen hij bondscoach was, hielp ze elke dag bij de trainingen van de roeivrouwen; ze wilde per se dat mijn vader zou winnen met zijn team. Dat was pas liefde!'

'Ik weet het niet, kind.'

Het was even stil. De laatste zonnestralen waren verdwenen achter het flatgebouw aan de overkant en het begon te schemeren.

'Ik ben ook zwanger geweest van je vader.' Het was eruit voordat ze er erg in had. Ook tot haar eigen verbazing.

Nog meer verwondering in de helgroene ogen. 'Echt?'

'Het kon niet. Door de oorlog, de onzekere relatie. Je vader kende een arts. Het is weggehaald.'

'Dus…'

'…ik had een zoon of dochter kunnen hebben als jij, bijna net zo oud.'

Ze zaten nog lang samen op het balkon. Anna deed een lamp aan, insecten vlogen tegen het felle licht. De wodka en de wijn maakten hen slaperig. Anna zette wat brood, kaas en worst op tafel. Veel meer had ze, zoals vaker, niet in huis.

'Je denkt dat je je vader kent, je moeder. Nu weet ik het niet meer,' zei Cica.

'Je weet nooit wat waar is,' antwoordde ze.

Geleidelijk ging het gesprek over op andere onderwerpen. De kinderen van Cica, Anna's leven met Jan. Er was geen wrijving, er kwamen geen verwijten. Ze vonden elkaar aardig. Ze hadden allebei van Géza gehouden. Nu hadden ze iets met elkaar, al wisten ze nog niet precies wat dat dan was.

'Ik heb ook zo'n ring gehad,' zei Anna tegen Cica tijdens het ontbijt, terwijl ze op de zegelring aan haar vinger wees. 'Je vader had er "Platti" in laten graveren.'

Cica viel op dat moment bijna van haar stoel, zei ze later. Hoe kon haar vader zo'n waardevol familiebezit aan zijn vriendínnetje geven? Nog wel gegraveerd met zo'n idioot koosnaampje?

'Waar is die ring nu?' vroeg Cica.

'Ik ben hem kwijtgeraakt,' zei ze. 'Hij is verdwenen in ons vorige huis. Misschien bij een inbraak.'

Ze wilde niet zeggen dat ze de ring jaren eerder aan een vriendin had gegeven in Amerika, die er heel verguld mee was geweest.

'Wees maar blij dat Géza en jij niet samen gebleven zijn,' zei Cica op een mooie namiddag. 'Dan zat je hier niet zo heerlijk in de zon op je balkon in Portugal. En ik trouwens ook niet.' Ze hadden er allebei om moeten lachen.

∿

Anna hield er niet van als bezoek weer vertrok, dat het huis dan weer leeg en stil was. Nadat ze Cica 's middags op de bus had gezet naar het vliegveld in Lissabon, besloot ze met de auto naar Guincho te rijden, een uitgestrekt zandstrand met uitzicht op de rotswanden van de Cabo da Roca, het meest westelijke puntje van Europa.

Het was een heldere dag. De zee was knalblauw. Zoals vaker wanneer ze over de Marinha reed, de kustweg die van Cascais naar Guincho voerde, verbaasde ze zich erover hoe sterk de kleuren van het oceaanwater konden veranderen, afhankelijk van seizoen, licht, wolken en wind. Er waren dagen dat de watervlakte er grauw en grijs bij lag, maar nu staken de witte koppen van de golven helder af tegen het harde blauw van de zee.

Precies zo had de oceaan eruitgezien toen ze samen met Jan hun laatste rit over de Marinha maakte, herinnerde ze zich. Het was eind juli geweest, 1999. Jan voelde zich toen al een paar maanden niet lekker. Op een ochtend had hij zich niet aangekleed. 'Ik ga nog even liggen hoor,' zei hij na het ontbijt. De hele dag bleef hij in zijn pyjama lopen. Dat was niets voor hem. Aan het einde van de middag had ze het niet meer uitgehouden. 'Kom, we gaan er even uit Jan,' had ze gezegd. 'Je doet een kamerjas aan, gaat met de lift naar beneden en stapt in de garage zo in de auto.'

Jan bewoog zich al moeilijk, maar stond niet toe dat ze hem hielp bij het instappen. 'Laat me, ik red me wel.' Ze zeiden niet veel terwijl ze de Marinha afreden, naar Guincho en weer terug. Het was een ritje zoals ze dat al honderden keren hadden gemaakt. En toch was alles anders, omdat Jan zijn pyjama aanhad en ze wisten dat ze een paar dagen later naar Nederland en het ziekenhuis zouden gaan.

Terwijl ze het strand van Guincho naderde, herinnerde Anna zich hoe Jan in die laatste dagen vaak haar hand had gepakt. 'Dank je,' zei hij dan. 'Dank je voor alles.' Alsof je voor de liefde kon bedanken. Het overkwam je. Totdat je het gevonden had, wist je niet wat het was.

Ze draaide de parkeerplaats op bij Guincho en draaide het raam ver open. Voor haar strekte het lange strand zich uit. De golven sloegen met veel geraas stuk op het zand. Nog even en de zon zou in de zee zakken. Ze besloot erop te wachten.

In het familiegraf was nu nog één plekje vrij. Ze was niet bang voor het einde. De dood zelf was niets – als de weg ernaartoe maar kort was.

In de zomer van 2002 werd ik door mijn oom Martien en zijn vrouw Mieke uitgenodigd voor een lunch waarbij ook Anna Boom aanwezig zou zijn. Volgens Martien, een van de broers uit mijn debuut *Het zwijgen van Maria Zachea*, had Anna Boom, toen tweeëntachtig jaar oud, een 'fantastisch levensverhaal' te vertellen.

Met gemengde gevoelens reed ik op een zaterdagmiddag naar de Noord-Hollandse polder. Ieder mens heeft een verhaal, maar niet elk verhaal is ook een boek. Wat als ik er niets in zou zien? Hoe kwam ik er dan op een nette manier weer van af?

Anna Boom liep de tuin in als een dame, niet als een bejaarde. Ze droeg een grote zonnebril, had halflang, grijsblond haar, en ging gekleed in een wit-zwart geborduurd gewaad. Ranke armen en benen, heldere, knalblauwe ogen, scherpe neus. Je kon zien dat ze mooi was geweest vroeger; haar stem verraadde een goede komaf. Aan een lange, verstelbare lijn hield ze een teckelachtig hondje, dat steeds verstrikt raakte om bomen en tafelpoten.

Martien had me verteld dat Anna tijdens de Tweede Wereldoorlog in Boedapest had gewerkt voor Raoul Wallenberg. Meer wist ik niet, en zou ik tijdens die lunch ook niet te weten komen. Anna bleek geen grote prater. Liever liet ze de anderen in het gezelschap aan het woord.

In een onhandige poging tot toenadering dronken we na afloop van de lunch nog samen koffie in de keuken.

'Ik heb er veertig jaar niet over gepraat,' zei Anna toen plompverloren, 'over Boedapest, de oorlog.' Vervolgens vertelde ze hoe op een nacht de stilte werd verbroken door een nachtmerrie. Ze riep: 'Waar is mijn revolver!'

Toen ik dat verhaal hoorde, besloot ik dat ik alles over Anna Boom wilde weten.

Dit boek is gebaseerd op de vele lange gesprekken die ik met Anna Boom heb gevoerd. Uiteraard heb ik steeds geprobeerd Anna's herinneringen te checken en in de juiste historische context te plaatsen. Hiertoe deed ik uitgebreid literatuuronderzoek en bezocht ik verschillende archieven (zie overzicht). Ook kon ik terugvallen op het omvangrijke privéarchief van Anna, dat naast talloze brieven ook oude paspoorten en andere officiële documenten bevat aan de hand waarvan ik data of feiten kon controleren.

We gingen samen op reis en bezochten bijna alle plaatsen waar het verhaal zich afspeelt: Badenweiler, Merano, Wenen, Boedapest, Zürich en Cascais – alleen Praag en Bombay sloegen we over. Ten slotte heb ik gesproken met Anna's vrienden en kennissen, van wie sommigen haar nog meegemaakt hadden tijdens de oorlog in Boedapest, zoals Iván Ruttkay, Edit Márk (nu beiden overleden) en Mechtild Saternus.

Op grond van alle verzamelde feiten heb ik uiteindelijk mijn eigen verhaal over Anna Boom verteld. Anna heeft het verhaal gecontroleerd op feitelijke onjuistheden, maar gaf me verder alle vrijheid haar geschiedenis te interpreteren en te verbeelden zoals mij dat zelf het beste leek. Overigens is 'Anna Boom' niet de naam waaronder zij nu door het leven gaat – het is haar doopnaam.

Alle citaten in het boek zijn letterlijke briefcitaten uit het privéarchief van Anna Boom. Ook de geciteerde dagboeken van Dóra zijn – in kopie – in het bezit van Anna. Deze dagboeken bestaan uit verschillende delen, in het Duits en in het Engels, waarvan sommige delen tijdens de oorlog zijn geschreven en andere later, in de vorm van memoires. Ook van haar correspondentie met de Hongaarse historica Éva Bán stuurde Dóra kopieën naar Anna.

Voor zover de geciteerde fragmenten in het boek niet uit het privéachief van Anna Boom afkomstig zijn, noem ik ze hier, in volgorde van de hoofdstukken:

Hoofdstuk 1

'Doe haar maar…' De brief waarin Géza Anna aanraadt naar generaal Christiansen te gaan is niet bewaard gebleven. Dit is zoals Anna zich de woorden herinnert. Hoe Géza de vrouw van Christiansen kende, weet Anna niet meer. Overigens werd generaal Christiansen na de oorlog tot twaalf jaar cel veroordeeld wegens oorlogsmisdaden, onder meer voor zijn aandeel in het wegvoeren van zeshonderd mannen uit het Veluwse dorp Putten in oktober 1944. Hiervan heeft Anna nooit iets geweten.

Hoofdstuk 6

'Geen vijandelijke vluchten…' Uit: *Die Tagebücher von Joseph Goebbels: Sämtliche Fragmente.* Tl 2: Diktate 1941-1945. Band 4 april-juni 1942, p. 519.

Hoofdstuk 10

'Toen ik luitenant…' Het origineel van het rapport dat Anna naar prins Bernhard en minister Drees van Sociale Zaken stuurde, heb ik niet terug kunnen vinden. Wel had Anna zelf nog een concept van haar rapport. De citaten uit het rapport zijn uit deze conceptversie afkomstig.

'Gobets is nu…' Uit de rapportage van kolonel Boon aan het ministerie van Sociale Zaken, afdeling Repatriëring, van 5 juni 1947. (Nationaal Archief Den Haag, toegangsnummer 2.15.43, Tweede Afdeling, ministerie van Sociale Zaken, Repatriëring 1943-1952. Inv. nr: 218.) De volledige tekst van kolonel Boon over luitenant Frank Gobets en zijn opdracht van prins Bernhard luidt:

Het is u bekend dat Lt. F. Gobets van den Staf van den Prins destijds naar Praag kwam. Mij werd geseind, dat hij niet tot mijn Missie behoorde, doch dat mij wel werd verzocht hem steun te verlenen. Hij kwam met een Packard, een truck en een transportwagentje met grote hoeveelheden sigaretten en levensmiddelen aan. Hij had grote relaties met de Russen, doordien hij met Russen op een barricade van Praag had gevochten, en hij wilde naar Rusland, o.a. naar Moermansk doorreizen, benzine in Rusland krijgende door ruil van sigaretten en voedsel. Ik heb hem mijn zegen medegegeven. Onnodig te zeggen, dat er van het plan niets is gekomen. Daarna kwam hij terug en wilde over de Hohe Tatra naar de Oekraine gaan om Nederlandse D.P.'s te zoeken. Overbodig te zeggen, dat ook dit bij fantastische plannen bleef. Toen ik in het voorjaar in Den Haag was, lag er een schrijven, ondertekend door de Prins, met het verzoek hem aan mijn Missie toe te voegen. Aan dit verzoek werd voldaan, doch nauwkeurig werd vastgelegd dat hij zich thans als een gewoon luitenant der Missie zou hebben te gedragen. Toen de uiteindelijk verkregen toestemming van de Joegoslavische regering om daarheen te gaan werd aangeroerd, vroeg hij of hij mede daarheen mocht gaan, hetgeen ik dadelijk afwees, omdat toegang voor drie bepaalde officieren was afgekomen. Daarop vroeg hij om een persoonlijk onderhoud, waarbij hij mededeelde dat hij opdracht van de Staf van de Prins had om rapporten uit te brengen over aanwezigheid van Russische troepen en materiaal en troepenverplaatsingen in Joegoslavië, enz. Ik heb hem gezegd dat ik er ernstig over dacht hem op dien grond onmiddellijk naar Nederland terug te zenden. Slechts nadat hij mij uitdrukkelijk op handslag had beloofd zich hiermee niet in te laten en geen rapporten daarover te zullen uitbrengen, heb ik hem laten blijven. Hij is nu naar Boedapest, en de instructies die ik hem daarheen meegaf eindigen met deze zin: 'Voorts verbied ik U nog eens categorisch U met enigerlei opdracht van den Staf te bemoeien omtrent materieel, samenstelling, politiek enz. van de Russische bezettende macht.'

Anna Boom wordt in de rapportages van kolonel Boon zelf overigens niet genoemd.

'Zeer geachte mejuffrouw…' De brief van de heer Thomassen heeft Anna zelf bewaard, maar is afgescheurd onder de laatste geciteerde regel.

'Ik heb de eer…' Brief van de heer H. van Campen aan de heer mr. dr. A.A. van Rhijn, gedateerd 14 oktober 1946. (Nationaal Archief Den Haag, toegangsnummer 2.15.43, Tweede afdeling, ministerie van Sociale Zaken, Repatriëring, 1943-1952. Inv. nr. 189)

Hoofdstuk 12
'Gelukkig kwam een…' Uit: Herrligkoffer, Dr. Karl M. *Nanga Parbat 1953*, p. 43. Verlag Neues Leben, Berlin, 1954.

Hoofdstuk 14
'Dat ik nu…' Anna heeft een – Duitstalige – kopie van het verslag dat ze op verzoek van Göncz schreef bewaard.

Aalders, Gerard en Wiebes, Cees. *Zaken doen tot elke prijs.*
De economische collaboratie van neutrale staten met Nazi-
Duitsland. SDU, 's Gravenhage, 1990

Aalders, Gerard en Berger, Suzanne. 'Verhuld in zaken.
Hoe het Wallenbergimperium oorlogsbuit heelde.' In:
NRC *Handelsblad*, 19 april 1997

Anger, Per. *With Raoul Wallenberg in Budapest. Memoires*
of the War Years in Hungary. Holocaust Library, New
York, 1981

Braham, Randolf L. *The Politics of Genocide. The Holocaust*
in Hungary, vol I, II. Columbia University Press, New York,
1981

Bijlsma, Frans. *Raoul Wallenberg.* Aspekt-biografie onder
redactie van Perry Pierik en Martin Ros. Aspekt, Soester-
berg, 2006

Cesarani, David. *Eichmann. His life and crimes.* (Hfd 6:
In the middle of deaths whirlwind, 1944-45) Heinemann,
Londen, 2004

Derogy, Jacques. *De zaak Wallenberg. De meest tragische held*
van de Tweede Wereldoorlog. Elsevier, Amsterdam etc., 1981

Faber, Gustav. *Badenweiler. Ein stück Italien auf deutschem*
Grund. Gemeinde Badenweiler, Badenweiler, 1990

Herrligkoffer, Dr. Karl M. *Nanga Parbat 1953.* Verlag Neues
Leben, Berlin, 1954

Konrád, György. *Geluk.* De Bezige Bij, Amsterdam, 2002.

Kontschieder, Ewald, Lanz e.a. *Meran und die Künstler.*
Musiker, Maler, Poeten in einem Modekurort 1880-1940.
Athesia, Bozen, 2001

Lévai, Jenö. *Eichmann in Hungary. Documents.* Pannonia
Press, Budapest, 1961

Marton, Kati. *Wallenberg. A biography of Raoul Wallenberg.*
Random House, New York, 1982

Paál, Vince. 'Nationale Identität und Minderheitenpolitik:
Gustav Gratz.' In: *Das Gueth von alten Lern.* Ulrich
Langanke, Boedapest, 2002

Paál, Vince. *'Gustav Gratz und die Geschichtsschreibung.'*
Schriftenreihe des Europa Institutes Budapest Bd 11: 289-99

Pierik, Perry. *Hongarije 1944-1945. De vergeten tragedie.*
Aspekt, Nieuwegein, 1995

Soros, Tivadar. *Maskerado. Dancing Around Death in Nazi
Hungary.* Edited and translated from Esperanto by
Humphrey Tonkin. Canongate, Edinburgh, 2000

Steininger, Rolf. *Südtirol. Vom Ersten Weltkrieg bis zur
Gegenwart.* StudienVerlag, Innsbruck, 2003

Ungváry, Krisztián. *Die Schlacht um Budapest* 1944-1945.
Stalingrad an der Donau. Herbig, München, 1999

GERAADPLEEGDE ARCHIEVEN

Nationaal Archief, Den Haag
Nederlands Instituut voor Oorlogsdocumentatie, Amsterdam
Stadsarchief Naarden
Stadtarchiv Boedapest
Stadtarchiv Freiburg im Breisgau, Freiburg
Streekarchief Hilversum
Universitätsarchiv Freiburg

'Ik word gek van jou!' zei Anna soms tijdens onze gesprekken – en dat kon ik me goed voorstellen. Jarenlang bleef ik haar lastigvallen met vragen, steeds weer confronteerde ik haar met nieuwe feiten of mogelijke zienswijzen. Voor iemand die er een hekel aan heeft om lang op een stoel te zitten, was dat zeker een opgave. Ik kan Anna dan ook niet genoeg bedanken voor haar uithoudingsvermogen, haar loyaliteit en geduld.

Ook Martien en Mieke Koelemeijer, die Anna en mij tijdens een lunch bij elkaar brachten, ben ik erg dankbaar: zonder hen zou dit boek er niet zijn geweest.

Uitgever Ine Soepnel heeft zich steeds ten volle ingezet voor dit project, waarin zij van meet af aan heeft geloofd.

De steun van mijn ouders was ook onontbeerlijk. Meer dan eens pasten zij op mijn zoon Milan terwijl ik ongestoord in hun tuinhuis zat te werken – voor een schrijvende moeder een ongelooflijke luxe.

Tevens ben ik erkentelijk voor alle medewerking die ik kreeg van vrienden en kennissen van Anna in heel Europa. Zij reden ons rond, hielpen zoeken naar informatie in archieven of bibliotheken, of waren bereid hun eigen herinneringen aan Anna met me te delen. Graag noem ik hen hier. In Merano: Toni Glöggle (†); in Wenen: Martin en Evi Hubner; in Boedapest: Iván Ruttkay (†), Edit Márk (†), Imre Lang, Tibor en Livia Bielek; in Zürich: Rolf en Sigi Keller; in Düsseldorf: Wilfried en Cica Lange; en in Nederland: Wilna en Ruud van der Meer, Ellen Vogel en Jimmy Münninghoff, Attje en Anton van den Berg, Dien Lannoy, Vincent en Xandra Kramers, Erik Osieck.

De onvermoeibare Margit Lánc hielp me in Boedapest toegang te krijgen tot de juiste archieven. Met prof. dr. B. Schreuder voerde ik een lang en inspirerend gesprek over oorlogservaringen en herinneringen.

Ten slotte ben ik veel dank verschuldigd aan mijn 'meelezers', die waardevol commentaar gaven op verschillende versies van het manuscript: Eveline Brandt, Rosa Koelemeijer, Gerard Aalders van het Nederlands Instituut voor Oorlogsdocumentatie, Petra de Koning en met name Céline Linssen, die me op een cruciaal moment op het juiste spoor zette.

Met Vuk Janić, mijn man, deelde ik vanaf de eerste dag de wording van dit boek – een grotere creatieve steun had ik me niet kunnen wensen.